"十三五"国家重点图书出版规划项目

中国社会科学院创新工程学术出版资助项目

新版《列国志》编辑委员会

主　　任	王伟光

副主任	李培林　蔡　昉

委　　员（按姓氏音序排列）

陈众议　黄　平　李安山　李晨阳　李剑鸣　李绍先
李　薇　李向阳　李永全　刘北成　刘德斌　钱乘旦
曲　星　王　镭　王立强　王灵桂　王　巍　王新刚
王延中　王　正　吴白乙　邢广程　杨栋梁　杨　光
张德广　张顺洪　张宇燕　张蕴岭　郑秉文　周　弘
庄国土　卓新平

秘书长　马　援　谢寿光

列国志 新版

GUIDE TO THE WORLD NATIONS

凌云志 李广一 编著

EQUATORIAL GUINEA

赤道几内亚

社会科学文献出版社
SOCIAL SCIENCES ACADEMIC PRESS (CHINA)

赤道几内亚国旗

赤道几内亚国徽

马拉博大教堂(张梦颖 摄)

巴塔大教堂

第二大城市巴塔

首都马拉博西波波

巴塔港

赤道几内亚大学校门(张梦颖 摄)

赤道几内亚大学校园内景(张梦颖 摄)

赤道几内亚大学教室(张梦颖 摄)

街景（张梦颖　摄）

街景（张梦颖　摄）

巴塔的海边公路（孟聪 摄）

首都马拉博海边风景区（李雪冬 摄）

国树——木棉（张梦颖 摄）

首都马拉博郊区卖食物的女人（李雪冬 摄）

跳草裙舞的孩子们（张梦颖 摄）

出版说明

《列国志》编撰出版工作自1999年正式启动，截至目前，已出版144卷，涵盖世界五大洲163个国家和国际组织，成为中国出版史上第一套百科全书式的大型国际知识参考书。该套丛书自出版以来，受到社会各界的广泛好评，被誉为"21世纪的《海国图志》"，中国人了解外部世界的全景式"窗口"。

这项凝聚着近千学人、出版人心血与期盼的工程，前后历时十多年，作为此项工作的组织实施者，我们为这皇皇144卷《列国志》的出版深感欣慰。与此同时，我们也深刻认识到当今国际形势风云变幻，国家发展日新月异，人们了解世界各国最新动态的需要也更为迫切。鉴于此，为使《列国志》丛书能够不断补充最新资料，更好地服务于社会各界，我们决定启动新版《列国志》编撰出版工作。

与已出版的144卷《列国志》相比，新版《列国志》无论是形式还是内容都有新的调整。国际组织卷次将单独作为一个系列编撰出版，原来合并出版的国家将独立成书，而之前尚未出版的国家都将增补齐全。新版《列国志》的封面设计、版面设计更加新颖，力求带给读者更好的阅读享受。内容上的调整主要体现在数据的更新、最新情况的增补以及章节设置的变化等方面，目的在于进一步加强该套丛书将基础研究和应用对策研究相结合，将基础研究成果应用于实践的特色。例如，增加了各国有关资源开发、环境治理的内容；特设"社会"一章，介绍各国的国民生活情况、社会管理经验以及存在的社会问题，等等；增设"大事纪年"，方便读者在短时间内熟悉各国的发展线索；增设"索引"，便于读者根据人名、地名、关键词查找所需相关信息。

顺应时代发展的要求，新版《列国志》将以纸质书为基础，全面整合国别国际问题研究资源，构建列国志数据库。这是《列国志》在新时期发展的一个重大突破，由此形成的国别国际问题研究与知识服务平台，必将更好地服务于中央和地方政府部门应对日益繁杂的国际事务的决策需要，促进国别国际问题研究领域的学术交流，拓宽中国民众的国际视野。

新版《列国志》的编撰出版工作得到了各方的支持：国家主管部门高度重视，将其列入"'十二五'国家重点图书出版规划项目"；中国社会科学院将其列为创新工程学术出版资助项目，王伟光院长亲自担任编辑委员会主任，指导相关工作的开展；国内各高校和研究机构鼎力相助，国别国际问题研究领域的知名学者相继加入编辑委员会，提供优质的学术指导。相信在各方的通力合作之下，新版《列国志》必将更上一层楼，以崭新的面貌呈现给读者，在中国改革开放的新征程中更好地发挥其作为"知识向导"、"资政参考"和"文化桥梁"的作用！

新版《列国志》编辑委员会
2013年9月

前　言

　　自1840年前后中国被迫开关、步入世界以来，对外国舆地政情的了解即应时而起。还在第一次鸦片战争期间，受林则徐之托，1842年魏源编辑刊刻了近代中国首部介绍当时世界主要国家舆地政情的大型志书《海国图志》。林、魏之目的是为长期生活在闭关锁国之中、对外部世界知之甚少的国人"睁眼看世界"，提供一部基本的参考资料，尤其是让当时中国的各级统治者知道"天朝上国"之外的天地，学习西方的科学技术，"师夷之长技以制夷"。这部著作，在当时乃至其后相当长一段时间内，产生过巨大影响，对国人了解外部世界起到了积极的作用。

　　自那时起中国认识世界、融入世界的步伐就再也没有停止过。中华人民共和国成立以后，尤其是1978年改革开放以来，中国更以主动的自信自强的积极姿态，加速融入世界的步伐。与之相适应，不同时期先后出版过相当数量的不同层次的有关国际问题、列国政情、异域风俗等方面的著作，数量之多，可谓汗牛充栋。它们对时人了解外部世界起到了积极的作用。

　　当今世界，资本与现代科技正以前所未有的速度与广度在国际流动和传播，"全球化"浪潮席卷世界各地，极大地影响着世界历史进程，对中国的发展也产生极其深刻的影响。面临不同以往的"大变局"，中国已经并将继续以更开放的姿态、

更快的步伐全面步入世界,迎接时代的挑战。不同的是,我们所面临的已不是林则徐、魏源时代要不要"睁眼看世界"、要不要"开放"的问题,而是在新的历史条件下,在新的世界发展大势下,如何更好地步入世界,如何在融入世界的进程中更好地维护民族国家的主权与独立,积极参与国际事务,为维护世界和平,促进世界与人类共同发展做出贡献。这就要求我们对外部世界有比以往更深切、全面的了解,我们只有更全面、更深入地了解世界,才能在更高的层次上融入世界,也才能在融入世界的进程中不迷失方向,保持自我。

与此时代要求相比,已有的种种有关介绍、论述各国史地政情的著述,无论就规模还是内容来看,已远远不能适应我们了解外部世界的要求。人们期盼有更新、更系统、更权威的著作问世。

中国社会科学院作为国家哲学社会科学的最高研究机构和国际问题综合研究中心,有11个专门研究国际问题和外国问题的研究所,学科门类齐全,研究力量雄厚,有能力也有责任担当这一重任。早在20世纪90年代初,中国社会科学院的领导和中国社会科学出版社就提出编撰"简明国际百科全书"的设想。1993年3月11日,时任中国社会科学院院长的胡绳先生在科研局的一份报告上批示:"我想,国际片各所可考虑出一套列国志,体例类似几年前出的《简明中国百科全书》,以一国(美、日、英、法等)或几个国家(北欧各国、印支各国)为一册,请考虑可行否。"

中国社会科学院科研局根据胡绳院长的批示,在调查研究的基础上,于1994年2月28日发出《关于编纂〈简明国际百科全书〉和〈列国志〉立项的通报》。《列国志》和《简明国

前言

际百科全书》一起被列为中国社会科学院重点项目。按照当时的计划，首先编写《简明国际百科全书》，待这一项目完成后，再着手编写《列国志》。

1998年，率先完成《简明国际百科全书》有关卷编写任务的研究所开始了《列国志》的编写工作。随后，其他研究所也陆续启动这一项目。为了保证《列国志》这套大型丛书的高质量，科研局和社会科学文献出版社于1999年1月27日召开国际学科片各研究所及世界历史研究所负责人会议，讨论了这套大型丛书的编写大纲及基本要求。根据会议精神，科研局随后印发了《关于〈列国志〉编写工作有关事项的通知》，陆续为启动项目拨付研究经费。

为了加强对《列国志》项目编撰出版工作的组织协调，根据时任中国社会科学院院长的李铁映同志的提议，2002年8月，成立了由分管国际学科片的陈佳贵副院长为主任的《列国志》编辑委员会。编委会成员包括国际片各研究所、科研局、研究生院及社会科学文献出版社等部门的主要领导及有关同志。科研局和社会科学文献出版社组成《列国志》项目工作组，社会科学文献出版社成立了《列国志》工作室。同年，《列国志》项目被批准为中国社会科学院重大课题，新闻出版总署将《列国志》项目列入国家重点图书出版计划。

在《列国志》编辑委员会的领导下，《列国志》各承担单位尤其是各位学者加快了编撰进度。作为一项大型研究项目和大型丛书，编委会对《列国志》提出的基本要求是：资料翔实、准确、最新，文笔流畅，学术性和可读性兼备。《列国志》之所以强调学术性，是因为这套丛书不是一般的"手册""概览"，而是在尽可能吸收前人成果的基础上，体现专家学者们的

研究所得和个人见解。正因为如此，《列国志》在强调基本要求的同时，本着文责自负的原则，没有对各卷的具体内容及学术观点强行统一。应当指出，参加这一浩繁工程的，除了中国社会科学院的专业科研人员以外，还有院外的一些在该领域颇有研究的专家学者。

现在凝聚着数百位专家学者心血，共计141卷，涵盖了当今世界151个国家和地区以及数十个主要国际组织的《列国志》丛书，将陆续出版与广大读者见面。我们希望这样一套大型丛书，能为各级干部了解、认识当代世界各国及主要国际组织的情况，了解世界发展趋势，把握时代发展脉络，提供有益的帮助；希望它能成为我国外交外事工作者、国际经贸企业及日渐增多的广大出国公民和旅游者走向世界的忠实"向导"，引领其步入更广阔的世界；希望它在帮助中国人民认识世界的同时，也能够架起世界各国人民认识中国的一座"桥梁"，一座中国走向世界、世界走向中国的"桥梁"。

《列国志》编辑委员会
2003年6月

CONTENTS
目 录

导　　言／1

第一章　概　　览／1

　第一节　国土与人口／1
　　一　国土面积／1
　　二　行政区划／3
　　三　地理位置与地形气候／7
　　四　国旗、国徽、国歌／9
　　五　人口、民族、语言／10

　第二节　宗教与民俗／13
　　一　宗教／13
　　二　民俗／14
　　三　节日／19

　第三节　特色资源／21
　　一　旅游胜地／21
　　二　著名城市／23
　　三　建筑艺术／26

第二章　历　　史／29

　第一节　古代简史／29
　第二节　近代简史／30
　　一　葡萄牙人的入侵／30

CONTENTS
目 录

　　二　西班牙统治时期 / 32

第三节　现代简史 / 37

　　一　民族主义运动和反对西班牙殖民主义者的斗争 / 37

　　二　独立进程 / 38

　　三　赤道几内亚共和国成立 / 41

　　四　马西埃的独裁统治 / 43

第四节　当代简史 / 52

　　一　"自由政变" / 52

　　二　新政府初期的国家建设 / 55

　　三　新政府的民主化政治进程 / 60

第五节　主要历史人物 / 66

　　一　弗朗西斯科·马西埃·恩圭马 / 66

　　二　博尼法西奥·翁多·埃杜 / 66

第三章　政　治 / 69

第一节　国体与政体 / 69

　　一　国家性质与形式 / 69

　　二　政府体制 / 70

　　三　宪法 / 70

第二节　国家机构 / 71

　　一　国家元首 / 71

　　二　政府 / 72

CONTENTS
目 录

　　三　立法机构与司法机关 / 74

第三节　政党和团体 / 75

　　一　政党 / 75

　　二　社会团体 / 77

第四节　军事 / 77

　　一　国防体制和军费开支 / 77

　　二　总兵力 / 78

　　三　军队装备 / 78

　　四　对外军事关系 / 78

第四章　经　济 / 81

第一节　发展概述 / 81

　　一　独立前的殖民经济状况 / 82

　　二　独立初期的经济状况 / 82

　　三　奥比昂执政以来的经济发展 / 83

　　四　2020年远景发展规划 / 91

第二节　农林渔牧业 / 93

　　一　农业 / 93

　　二　林业 / 97

　　三　渔业 / 99

　　四　畜牧业 / 101

CONTENTS

目 录

第三节 工业 / 101
　一 油气资源和矿产资源 / 102
　二 工业发展 / 104

第四节 交通与通信 / 110
　一 交通运输 / 110
　二 邮政 / 115
　三 通信 / 115

第五节 财政与金融 / 118
　一 财政 / 118
　二 金融 / 120

第六节 旅游业 / 125
　一 概况 / 125
　二 旅游资源 / 126

第七节 对外经济关系 / 127
　一 对外贸易 / 127
　二 外国援助 / 131
　三 外来投资 / 132

第五章 文 化 / 135

第一节 教育 / 135
　一 发展概况 / 135
　二 国际教育合作 / 139

CONTENTS
目 录

第二节 文学 / 142

　　一　西班牙语文学 / 142

　　二　流亡文学 / 143

　　三　新时期的文学发展 / 144

　　四　当代著名小说《三心一意》/ 146

第三节 体育 / 148

　　一　奥运会上的赤道几内亚 / 148

　　二　非洲杯与赤道几内亚足球 / 149

第四节 新闻出版 / 153

　　一　报刊 / 153

　　二　图书 / 154

　　三　电台 / 154

　　四　电视台 / 155

　　五　网站 / 156

第六章　社　　会 / 157

第一节 国民生活 / 157

　　一　就业 / 157

　　二　收入 / 159

　　三　消费 / 159

　　四　物价 / 160

　　五　住房 / 163

CONTENTS

目 录

  六　社会保障与福利／164

  七　移民／165

 第二节　社会管理／166

  一　婚姻制度／166

  二　社会结构／167

  三　主要社会发展指标／167

  四　社会组织／168

  五　社会治安／169

 第三节　医疗卫生／169

  一　概况／169

  二　医疗卫生制度和医疗服务保障／170

  三　流行疾病的防治／171

  四　医学科学研究／173

  五　中国的医疗援助工作／175

第七章　外　交／177

 第一节　外交政策／177

 第二节　同西方国家的关系／179

  一　同西班牙的关系／179

  二　同法国的关系／183

  三　同美国的关系／186

  四　同葡萄牙的关系／188

目录

第三节　同苏联/俄罗斯的关系 / 189

　　一　马西埃执政时期与苏联的关系 / 189

　　二　奥比昂执政时期与苏联的关系 / 189

　　三　苏联解体后与俄罗斯的关系 / 189

第四节　同非洲国家的关系 / 191

　　一　与加蓬的领土争端 / 191

　　二　与喀麦隆的边界争议 / 194

　　三　与尼日利亚的关系 / 195

　　四　与其他非洲国家的关系 / 196

　　五　积极参与非洲地区国际组织与其他国际会议 / 198

第五节　同中国的关系 / 199

　　一　两国关系发展历程 / 199

　　二　两国政治关系 / 201

　　三　双边经贸关系和经济技术合作 / 203

　　四　文化、教育与军事合作 / 206

　　五　重要双边协议及文件 / 207

大事纪年 / 209

参考文献 / 227

索　　引 / 231

导　言

赤道几内亚共和国（The Republic of Equatorial Guinea, República de Guinea Ecuatorial）位于非洲中西部，地理位置重要，油气资源丰富，经济和政治发展稳定，与中国关系良好。

赤道几内亚共和国由中部非洲西海岸的一块陆地和大西洋几内亚湾内的五个岛屿组成，总面积2.8051万平方千米。由于赤道几内亚位于赤道附近，部分领土又在几内亚湾内，故而得名。正由于该国领土靠近赤道，又濒临大西洋，故其气候属于典型的热带雨林气候和热带海洋性气候。全国划分为7个省，下设17个县和9个市。马拉博既是赤道几内亚首都，又是北比奥科省省府，是全国政治、经济、教育和宗教中心。据官方统计，赤道几内亚人口为101万人。主要民族有分布在大陆部分的芳族（约占总人口的76%）和居住在比奥科岛上的布比族（约占总人口的15%）。尽管国土不大，人口不多，但民族成分比较复杂，是一个典型的多民族国家。

赤道几内亚原为传统农业国，但从20世纪90年代开始，随着石油的发现、开采和大规模出口，经济发展迅猛，国家财政状况大为改善，国际收支状况日益向好，经济改革和建设取得了巨大成就，已成为世界上经济增长速度最快的国家之一，成为中西非一个富有的国家，拥有"中非科威特"之美称。赤道几内亚国内政治总体上稳定，政治、经济制度比较完善，国家领导人在民众中有较高的威信，但随着总统执政时间越来越长，国家未来的政治前景也

存在一些变数。

赤道几内亚属于发展中国家。自独立以来，赤道几内亚就主动融入国际社会，积极参与国际和地区事务，始终奉行不结盟、睦邻友好和多元化的外交政策，主张在和平共处、平等互利的基础上加强与各国的友好合作关系，坚持维护民族独立、国家主权与领土完整。截至2016年，赤道几内亚同121个国家建立了外交关系。赤道几内亚与中国保持着友好关系并发展顺利，是中国在第三世界的重要朋友。特别是在1971年恢复新中国在联合国的合法席位的第26届联合国大会上，赤道几内亚作为恢复中国在联合国合法席位提案的发起国之一，不畏强权，仗义执言，投下了神圣的赞成票，与许多非洲国家一起将中国"抬"进了联合国。两国自建交以来在政治、经济事务特别是在能源领域合作良好，在国际事务上相互支持。由于两国关系友好，双边关系来往密切，民众之间的交往也日益频繁。近年来中国赴赤道几内亚务工、经商和旅游的人数明显增多。

本书较为详尽地对赤道几内亚的国土、人口、历史、政治、经济、旅游、文化、社会和外交等方面做了全面的介绍，期望帮助读者对这个有着独特色彩的非洲国家能有比较全面、深入的了解。本书力求做到资料准确翔实，在写作风格上尽量做到文笔朴实通畅，可读性强。对于一些读者不熟悉的地方，我们以注释的方式加以补充说明。

本书是凌云志和李广一两人合作的成果，在写作过程中吸收了2007年《赤道几内亚·几内亚比绍·圣多美和普林西比·佛得角》一书中赤道几内亚部分的文字和研究内容。李广一拟定了本书撰写的框架和纲领，对全书进行校订、补充、修改和定稿。凌云志撰写了本书稿。本书适用于国际关系专业学生和非洲问题研究的学生、研究者和爱好者阅读，并可作为赴非旅游、务工、经商和从事外事

导言

工作人员的重要的参考读物。

在本书撰写过程中，我们参考了中华人民共和国外交部网站、中华人民共和国商务部网站和中华人民共和国驻赤道几内亚大使馆网站的相关资料。在编写过程中得到了中国社会科学院西亚非洲研究所詹世明副研究员、赵茹林副研究馆员的大力帮助；毕节学院唐纲博士参与了2007年原书部分章节的编写；梁辉先生提供了部分珍贵的资料；衡阳师范学院外国语学院刘真志翻译了外文资料，在此一并致谢。由于作者水平有限，加上在国内要找到与赤道几内亚有关的资料异常困难，因此本书难免有疏漏和错误之处，敬请广大读者批评指正。

李广一　凌云志
2016 年 2 月

第一章

概　览

赤道几内亚共和国位于非洲中部，因位于赤道附近，且部分领土又在大西洋的几内亚湾内，故而得名。赤道几内亚由1块大陆和5个岛组成，全国划分为7个省，下设17个县和9个市。第一首都是马拉博，最大城市为巴塔。全国大部分地区为山地和高原，地形呈阶梯状，多河流，气候为典型的热带雨林气候和热带海洋性气候。全国人口不多，但民族成分比较复杂，是一个典型的多民族国家，其中芳族和布比族人口最多。大多数居民信仰天主教，少数居民信奉基督教和伊斯兰教，还有人信奉原始宗教。有莫卡河谷等风景名胜。

第一节　国土与人口

一　国土面积

赤道几内亚共和国（The Republic of Equatorial Guinea, República de Guinea Ecuatorial）由中部非洲西海岸的1块陆地和大西洋几内亚湾中的5个岛组成，总面积28051平方千米。

大陆部分称木尼河（the Río Muni）地区，位于几内亚湾东岸，临近木尼河，面积26017平方千米，边界线总长539千米。北部与

赤道几内亚

喀麦隆为邻，边界长 189 千米；南面和东面与加蓬共和国接壤，边界长 350 千米；西濒大西洋。大部分为高原，海拔在 600~900 米，最高点海拔 1500 米；沿海是平原低地。热带雨林气候，年降水量在 2000~2500 毫米；河流较多。赤道几内亚邻近邦尼湾①，有 12 海里的领海和 200 海里的专属经济区，海岸线长 482 千米，海洋面积共 31.2 万平方千米。

岛屿部分面积 2051.96 平方千米，主要岛屿有比奥科岛（Bioko）、安诺本岛（Annobón）、科里斯科岛（Corisco，也称帕格卢）、大埃洛贝岛（Elobey Grand）、小埃洛贝岛（Elobey Chico）。除安诺本岛位于赤道以南，其他岛屿均处于赤道以北。

比奥科岛原名"费尔南多波岛"（西班牙语：Fernando Poo），是非洲西海岸几内亚湾中的一个火山岛，赤道几内亚第一首都马拉博即设于该岛上。南北长 72 千米，东西宽 35 千米，面积 2017 平方千米，呈平行四边形状。比奥科岛中部的斯蒂贝尔峰海拔 3012 米，为赤道几内亚最高峰。比奥科岛原为西班牙殖民地，因其发现者葡萄牙航海家斐南·德·波得名。

安诺本岛是几内亚湾内一座火山岛，位于圣多美和普林西北西南 180 千米、非洲西海岸以东约 350 千米处，长约 6.4 千米，宽约

---

① 邦尼湾（Bight of Bonny），又称比夫拉湾，是非洲西部的一个海湾，位于几内亚湾最东部。它从北部的尼日尔农河（Nun River）口向东南延伸 600 千米（370 哩），至加蓬的洛佩斯角（Cape Lopez），是几内亚湾最深的海湾。邻近的国家有尼日利亚、喀麦隆、赤道几内亚（包括安诺本岛）、圣多美和普林西比、加蓬。有尼日尔河（Niger River）、奥果韦河（Ogooue River）、克劳斯河（Cross River）、萨纳加河（Sanaga River）等河流注入。湾内最大岛为比奥科岛（赤道几内亚）。主要港口有马拉博（赤道几内亚）、哈科特（Harcourt，尼日利亚）和卡拉巴尔（Calabar，尼日利亚）、杜阿拉（Douala，喀麦隆）、巴塔（Bata，赤道几内亚）、利伯维尔（Libreville，加蓬）和让蒂尔港（Port-Gentil，加蓬）等。

3.2 千米，总面积约为 17.5 平方千米。

科里斯科岛位于木尼河区西南 29 千米的大西洋海域、加蓬以西。"Corisco"一词来自葡萄牙语，意为"闪电"。科里斯科岛总面积 15 平方千米，最高点海拔 35 米。加蓬对科里斯科岛的主权同赤道几内亚有争议。

大埃洛贝岛位于大西洋海域米太麦勒河（Mitimele River）河口附近、科里斯科岛以东，东北方与小埃洛贝岛相邻。总面积 2.27 平方千米，最高点海拔 80 米。几乎无人居住。

小埃洛贝岛是赤道几内亚的一个海岛，位于米太麦勒河河口附近。总面积 0.19 平方千米。目前无人居住。曾是西属殖民地木尼河省实际省府的所在地。

二　行政区划

全国划分为 7 个省，下设 17 个县和 9 个市。7 个省的名称如下：北比奥科省（Bioko Norte）、南比奥科省（Bioko Sur）、安诺本省、中南省（Centro Sur）、基埃 - 恩特姆省（Kié-Ntem）、滨海省（Litoral）和韦莱 - 恩萨斯省（Wele-Nzas）。马拉博既是赤道几内亚第一首都，也是北比奥科省省府，是全国政治、经济、教育和宗教中心。

（一）大陆大区（Región Continental）

旧名"里约穆尼"（Río Muni），是赤道几内亚的大陆部分，1843~1846 年为西班牙殖民地西属几内亚的一部分，1959 年被划为西班牙的海外省，1968 年赤道几内亚独立后成为它的两个省之一，称为"木尼河省"，后被分为中南省、基埃 - 恩特姆省、滨海省、韦莱 - 恩萨斯省四省。主要民族为芳族。

赤道几内亚

中南省位于木尼河地区中部，北邻喀麦隆，南邻加蓬。面积9931平方千米，省府埃维纳永。

基埃－恩特姆省位于木尼河地区东北部，北邻喀麦隆，东邻加蓬。面积3943平方千米，省府埃贝比因。

滨海省位于木尼河地区西部，濒临几内亚湾。北邻喀麦隆，南邻加蓬。面积6665平方千米，省府巴塔。

韦莱－恩萨斯省位于木尼河地区东南部。东部、南部与加蓬接壤。面积5478平方千米，省府蒙戈莫。

（二）海岛大区（Región Insular）

海岛大区是赤道几内亚的两个大区之一，由比奥科岛、安诺本岛（包括前西班牙殖民地埃洛贝、安诺本和科里斯科）组成。

安诺本省的主体部分位于安诺本岛，省府为圣安东尼奥－德帕莱。

北比奥科省位于比奥科岛北部，面积776平方千米，省府也是马拉博；南比奥科省位于比奥科岛南部，面积1241平方千米，省府为卢巴。

（三）赤道几内亚主要城镇

马拉博为赤道几内亚第一首都、北比奥科省省府，为全国政治、商贸、金融及文化中心。

巴塔（Bata），临近几内亚湾，是赤道几内亚大陆部分主要城市，也是赤道几内亚最大城市、国会所在地，原为木尼河省省府，现为滨海省省府及赤道几内亚的经济首都（亦称陪都）。

欧亚拉（Oyala），又称基布罗霍（Djibloho），是一座兴建中的城市，计划取代马拉博作为赤道几内亚未来的首都。它位于韦莱－恩萨斯省，邻近蒙戈梅因镇。赤道几内亚城市选址主要考虑的是它

第一章 概览　**E**quatorial Guinea

便捷的交通和温和的气候。

埃贝比因（Ebebiyín），基埃－恩特姆省省府，位于木尼河东北，接壤加蓬和喀麦隆，是分别连接巴塔、雅温德和加蓬中部主要城市的三条主要交通路线的终点。

阿科尼贝（Aconibe），由韦莱－恩萨斯省负责管辖，位于赤道几内亚大陆东南部，距离邻国加蓬约30千米，是赤道几内亚第四大城市，仅次于巴塔、马拉博和埃贝比因。

阿尼索克（Anisoc），由韦莱－恩萨斯省负责管辖，位于赤道几内亚内陆地区，是赤道几内亚第五大城市，仅次于巴塔、马拉博、埃贝比因和阿科尼贝。

恩基米（Nkimi），由中南省负责管辖，位于赤道几内亚大陆北部，海拔325米，主要产业有农业和捕鱼业。

埃维纳永（Evinayong），是中南省的省府，位于赤道几内亚大陆中部的小山上，海拔631米，当地以夜生活、市场和瀑布闻名。

姆比尼（Mbini），由木尼河区负责管辖，位于赤道几内亚大陆西岸贝尼托河口处，距离巴塔44千米，海拔343米。

恩索克（Nsok），由基埃－恩特姆省负责管辖，位于赤道几内亚大陆东南部，毗邻与加蓬接壤的边境，海拔545米。

比贾比将（Bidjabidjan），由基埃－恩特姆省负责管辖，位于赤道几内亚大陆南部，毗邻赤道几内亚与加蓬边境，当地主要语言是法语。

涅方（Niefang），由中南省负责管辖，位于赤道几内亚大陆中部贝尼托河河畔，距离巴塔70千米，当地主要语言是西班牙语和法语。

乌雷卡（Ureka），由南比奥科省负责管辖，位于距离非洲大陆约32千米的比奥科岛上，在马拉博以南，海拔186米，每年平均降雨量为10450毫米，是非洲降雨量最多的地方。

卢巴（Luba），位于比奥科岛西岸，距离第一首都马拉博52千米。镇上有医院和港口，是岛上第二大城镇。

科戈（Cogo），由滨海省负责管辖，位于阿卡拉永以东117千米，距离巴塔121千米，毗邻赤道几内亚与加蓬边境，海拔115米。

米科梅森（Micomeseng），由基埃－恩特姆省负责管辖，位于赤道几内亚大陆北部，毗邻赤道几内亚与喀麦隆边境，到埃贝比因和涅方的距离分别为96千米和61千米，海拔323米，主要经济活动是出口咖啡和可可。

蒙戈梅因（Mungo Maine），由韦莱－恩萨斯省负责管辖，位于赤道几内亚大陆东部，邻近蒙戈莫，当地主要语言是法语。

蒙戈莫（Mongomo），位于赤道几内亚大陆东部，毗邻赤道几内亚与加蓬边境，市内有医院和酒店。

阿卡拉永（Acalayong），由滨海省负责管辖，位于科戈以西，距离巴塔117千米，毗邻赤道几内亚与加蓬边境，是赤道几内亚最南部的城镇。

阿库勒南（Acurenam），由中南省负责管辖，位于赤道几内亚大陆中部，海拔646米，当地的主要语言是西班牙语。

雷博拉（Rebora），由北比奥科省负责管辖，位于比奥科岛北部，风景怡人，是赤道几内亚人口较多的城市之一。

马钦达（Machinda），由滨海省负责管辖，位于赤道几内亚大陆西北部，海拔631米，当地的主要语言是西班牙语。

三 地理位置与地形气候

(一) 地理位置

赤道几内亚共和国位于非洲中西部，地理坐标为北纬1°~3°48′30″、东经8°25′~11°20′。因位于赤道附近，部分领土又位于大西洋的几内亚湾内，故而得名。

(二) 地形

位于非洲大陆部分的木尼河地区大部分为山地和高原，地形呈阶梯状分布，从西部海边向东部逐渐上升，表现为西低东高。各级台面多馒头状山峰。有三个较高的山峰：西南部的米特拉山，海拔1200米；中部的阿伦山，海拔1100米；北部的乔克拉特山，海拔1100米。

位于几内亚湾内的比奥科岛是一座火山岛，也是赤道几内亚第一大岛，呈双驼峰形。岛的东部和南部地区地形比较陡峭；西部地区比较平缓；沿海较平坦地区表土层较厚，系由火山灰长期冲积而成，土质较为肥沃，适宜耕种；中部有康塞普翁湾，西海岸有圣卡洛斯湾；南部有马拉博峰，马拉博峰的南面有莫卡尔峰，莫卡尔峰与卢巴峰相连，两山之间有茂密的原始森林。比奥科岛上的活火山斯蒂贝尔峰是赤道几内亚最高峰，毗邻第一首都马拉博，海拔3007米，最近一次火山爆发发生在1923年。

境内多河流，主要分布在木尼河地区，且多数自东向西流入大西洋。主要河流有三条：北部的坎波河（Río Campo），中部的贝尼托河（Benito），南部的木尼河（Muni）。

坎波河，又名恩特姆河（Ntem），位于赤道几内亚大陆地区北部，部分河段为喀麦隆与赤道几内亚国界，发源于加蓬境内，向西

流入几内亚湾。

贝尼托河发源于加蓬，自东向西，横贯赤道几内亚全境，全长338千米，赤道几内亚境内长272千米，下游160千米可以通航，是赤道几内亚最长最主要的河流。全区河流总的特点是水量丰富，多瀑布急流，水利资源丰富，发源于加蓬奥耶姆东南面，在姆比尼附近注入几内亚湾。

木尼河又名"诺亚河"（Noya），是赤道几内亚大陆地区南部的一条河流，由东向西，最终注入几内亚湾，其部分河段为赤道几内亚与加蓬国界。赤道几内亚的内陆部分——木尼河区（或"姆比尼地区"）即得名于该河。

除这三大河流外，还有发源于赤道几内亚和加蓬交界处的科莫河（Río Komo），全长230千米，大部分在加蓬境内，是加蓬第三大河。

北比奥科省的马拉博峰南面30千米处的莫卡湖，由火山喷发形成，平均水深22米，是岛上最大的淡水湖。

（三）气候

特殊的地理位置决定了赤道几内亚的气候特征，因绝大部分领土位于赤道以北地区，又靠近大西洋，赤道几内亚既有热带雨林气候又有热带海洋性气候，即潮湿、炎热、多雨、多云，但不同的地区，气候特征也略有不同。

大陆部分木尼河地区潮湿多雨，温差较小，属于热带雨林气候。大陆沿海地区年平均降雨量2112.6毫米，年平均降雨天数152天，日最大降雨量144毫米，年平均降雨量2800毫米；年气温在15摄氏度和32摄氏度之间，全年平均气温26摄氏度。年平均相对湿度88.8%。一年日平均日照5小时，1月、2

第一章 概 览

月日平均日照时间最长，在 6 小时以上；9 月、10 月日平均日照时间最短，在 4 小时以内。大陆地区全年分为两个雨季和两个旱季，3~5 月和 9~11 月为雨季，12 月至翌年 2 月和 6~8 月为旱季。

比奥科岛属热带海洋性气候，终年炎热。第一首都马拉博的月平均最高气温为 31.1 摄氏度，最低气温为 20.3 摄氏度。年气温变化在 15~34 摄氏度，平均气温 25 摄氏度。年平均降雨量为 1700 毫米；年平均相对湿度为 85%，3 月最低，约为 80%。岛上各地降雨量悬殊。西北地区年降雨量为 2000 毫米，西南地区超过 5000 毫米。位于岛南端的乌雷卡村是有名的"雨城"，年降雨量高达 7800 毫米。比奥科岛只有一个雨季和一个旱季，5~10 月为雨季，11 月至次年 4 月为旱季。

四　国旗、国徽、国歌

赤道几内亚国旗上的绿色象征财富，白色象征和平，红色象征为独立而斗争的精神，蓝色象征海洋。长方形长宽之比为 5∶3。靠旗杆一侧为蓝色等腰三角形，右侧为三个平行宽条，自上而下分别为绿、白、红三色。旗面中央为国徽图案。

赤道几内亚国国徽为方形的盾徽。白色盾面上有一棵高大粗壮的木棉，这是一种生长于湿地的热带树。盾形上端有六颗黄色六角星，象征赤道几内亚原来的六个区域，下端的饰带上用西班牙文写着"团结、和平、正义"。

赤道几内亚国歌为《让我们跟随着》(*Caminemos pisando las sendas*)，由阿塔纳西奥·恩东戈·米永诺作词、阿塔纳西奥·恩东戈·米永诺和拉米罗·桑切斯·洛佩斯作曲，于 1968 年创作。

国歌歌词大意为：

　　让我们迈步在幸福的大路。团结无间亲如手足，让我们歌唱自由幸福！两个世纪的殖民统治已经结束。不分彼此团结如手足，让我们歌唱自由幸福！让我们高呼：几内亚存万古！让我们把我们的自由保护，时刻高歌我们几内亚自由幸福，让我们永保我们国家独立自主。

五　人口、民族、语言

（一）人口

　　根据1994年的人口统计资料，赤道几内亚仅有406000人。2003年增加到510473人，男女分别占总人口的48.8%和51.2%。据联合国统计，2013年赤道几内亚的人口达到757015人，其中第一首都马拉博的人口（包括郊区居民在内）为136971人。2014年官方统计人口为101万人。据2015年9月赤道几内亚官方公布的人口普查数据，赤道几内亚共和国人口为1222442人，其中大陆地区882747人（占72.2%），岛屿人口为229695人（占27.8）。从地区分布来看，北比奥科省人口为299836人，南比奥科省34627人，安诺本省5232人，里托拉尔省366130人，中南部省141903人，韦莱-恩萨斯191383人，基埃-恩特姆省183331人。此次人口普查获得联合国支持，赤道几内亚政府从2013年开始实施，全部采用国际标准。

　　1996年，赤道几内亚平均人口密度为每平方千米14人，但是人口分布不均匀。经济较发达的比奥科岛因大量农村人口涌进城市

第一章 概 览　Equatorial Guinea

打工和做生意，人口稠密，每平方千米达50人；木尼河地区人口稀少，每平方千米不到8人。

人口和人口增长率呈上升趋势。1950~1978年，赤道几内亚人口增长53%，其中城市人口增长4.1倍；1983~1994年，赤道几内亚年均人口自然增长率为2.8%，2003年为2.44%。2011年，人口自然增长率为2.73%，世界排名第21位；2014年，人口自然增长率为2.54%，世界排名第28位。

人口年龄结构年轻化，2003年人口年龄结构为：1~14岁居民占人口总数的42.2%，其中男性108179人，女性107164人；15~64岁居民占54%，其中男性132342人，女性143509人；65岁以上居民占3.8%，其中男性8576人，女性10703人。2009年，1~14岁居民占人口总数的41.9%，其中男性134823人，女性130308人；15~64岁居民占54%，其中男性167820人，女性174238人；65岁以上居民占4.1%，男性11574人，女性14678人。2015年9月的人口普查数据显示，总人口中男性651820人，女性570622人，外国人口209612人。

（二）民族

赤道几内亚尽管国土不大，人口不多，但民族成分较复杂，是一个典型的多民族国家。主要居民是班图尼格罗人，海岛部分杂居有混血居民。主要民族有芳族、布比族[①]（Bubis）、杜阿拉人、马卡人、姆庞圭人、费尔南迪诺人等。

芳族人占全国人口数量的76%，主要分布在木尼河区，占该

---

① 布比族是当前赤道几内亚比奥科岛上的主要居民，语言属班图语系西北部语族，与杜阿拉语十分近似。盛行祖先崇拜，少数已改信基督教。主要从事农业和采集油棕果实。许多人在可可、咖啡和花生种植农场做工。

地区居民人口的 80%~90%，属于班图尼格罗人种，讲芳语，属于尼日尔-科尔多凡语系西北班图语群，大多数人信仰天主教，部分人保持万物有灵信仰①。芳族人传统社会主要为酋长制。他们主要从事农业，种植可可、咖啡，也从事渔业，不少人到比奥科岛上的种植园做工。

布比族人占全国人口总数的 15%，主要居住在比奥科岛上，占该岛人口的一半，属于班图尼格罗人种，与杜阿拉人血缘接近。布比族人分为北支和南支：北支包括内伊人、萨卡托人、托人等；南支包括阿巴人、洛克托人、比奥玛人等。布比族人使用的布比语实际上是杜阿拉语的一种方言。大多数布比族人信奉天主教，以种植可可、咖啡和打鱼为生。

杜阿拉人占全国人口总数的 2.9%，分为邦加、孔贝、伦盖、布赫巴、恩多维部落，属班图尼格罗人种，主要分布在木尼河区沿海地带。其中，邦加人居住在埃洛贝岛和科里斯科岛上，富于进取心，十分骁勇。在日常交流中讲杜阿拉语，大多数人也会讲芳语。一部分人信奉天主教，还有一部分人信奉原始宗教，以捕鱼和狩猎为生。随着经济的发展，有些邦加人已进入城市打工。

马卡人，占全国人口的 3.5%，主要分布在大陆南部和东北部内地的雨林区，属班图尼格罗人种。讲马卡语，大多数人保持万物有灵信仰，以农耕为生，偶尔到森林中狩猎或采集果实，以满足生活所需。

姆庞圭人，占全国人口总数的 1.4%，主要分布在大陆南部的

---

① 万物有灵信仰系赤道几内亚的原始宗教，其特征为信仰万物有灵，即多神崇拜，故又名"多神教"。

第一章 概览

热带雨林区。讲姆庞圭语，大多数人保持万物有灵信仰。实行一夫一妻制，男人行割礼，按母系续谱和继承财产，习惯于同舅舅一起居住，主要从事热带农业。

费尔南迪诺人，占全国人口总数的0.6%，主要居住在帕加卢岛，是葡萄牙人殖民统治时期从葡萄牙的非洲各殖民地运来的奴隶和劳工的后裔，讲葡萄牙语，信奉天主教，主要从事种植业。

(三) 语言

赤道几内亚的官方语言起初仅为西班牙语。随着与法国政治、经济等关系的日益密切，1986年法语被确定为第二官方语言，上层人士和政府官员普遍讲法语。2011年10月，葡萄牙语也被确定为官方语言。民族语言有芳语，在木尼河等大陆地区使用，在马拉博也被广泛使用。布比语是比奥科等海岛地区的土著语言。此外，还有一部分人说伊博语和皮钦英语（Pidgin）[①]，主要使用者是居住在赤道几内亚的尼日尔人。

第二节 宗教与民俗

一 宗教

赤道几内亚大多数居民信仰天主教，少数信奉基督教和伊斯兰教，还有一部分人信奉原始宗教，即万物有灵信仰和图腾

[①] 皮钦英语（Pidgin），由不同语言混合而成的一种语言。赤道几内亚的皮钦英语是英语与当地语言的一种混合语，实际上是英语的一种变种。

崇拜。赤道几内亚人民享有宗教自由，伊斯兰教传入赤道几内亚后，与其他宗教信仰之间能友好相处。"9·11"事件后，穆斯林和基督教徒都有参加国内各宗教团体联合举行的对死难者的悼念活动。赤道几内亚反对并谴责恐怖主义和宗教激进主义，认为激进主义的宗教是一种魔鬼的宗教，来自撒旦，因而会伤及无辜。

值得一提的是，现任总统奥比昂是天主教徒，15岁时就接受了埃贝比因教会洗礼，并在1982年接待了教皇约翰·保罗二世，此后三次受到保罗二世接见，一次受到本笃十六世接见。

二 民俗

赤道几内亚人其他国家和地区的黑人相差不大，一般来说，宽容、诚恳、待人大方爽快、热情好客，遇见外国宾客总是彬彬有礼。实行一夫多妻制。按当地习俗，人死后一律实行土葬。

（一）服饰

因为位于赤道附近，赤道几内亚年平均气温达26摄氏度，最低气温也在20摄氏度左右，气候炎热，因此普通老百姓通常只在腰间围上一块布，既方便又凉爽，一年四季皆如此，所以有"穿衣一块布"的说法。过去，因为经济落后，生活水平低，人们穿着简单，有些人甚至衣不蔽体。

近年来，随着国家经济的发展、生活条件的逐步改善，绝大部分人有衣可穿，并且服饰有了较大变化，服装色彩日趋鲜艳，式样别致，带有浓厚的民族风格。与此同时，城市中的男子穿西装，女子穿长裙，头上缠着各种花样的头巾。尽管天气炎热，但穿长裤的男女以及穿裙子的女子越来越多。女性无论老少，基本上不穿丝袜。尽管肤色较黑，女子同样爱化妆，但看起来效果不太明显。过去多数人脚上只穿一双拖鞋，但随着近年来经济状况明显改善，穿皮鞋的人越来越多。

赤道几内亚人感情丰富，性格外向，讲究仪态美，注重服饰美，在社会交往活动中总是希望通过美的服饰、美的行为、美的语言、美的人格，展示现代非洲人社会交往的文明得体。

赤道几内亚人会在会谈、社交、工作和休闲等不同场合恰当着装，但商务、访问人员必须着正装。

（二）饮食

赤道几内亚人的主食有芋头、木薯、玉米等，副食有猪肉（但穆斯林禁食猪肉）、牛肉、羊肉、蔬菜，以及从原始森林里捕捉的羚羊、松鼠等。因为水产资源丰富，海龟肉、海龟蛋以及各种鲜鱼、海味成为赤道几内亚人的主要食物。赤道几内亚人偏爱辣椒，喜食辛辣食物，几乎每一道菜里都放有辣椒，而且其辛辣程度不比中国南方某些省份的食物逊色。赤道几内亚人的烹调技艺非常独特，一种常见的食材可以烹制出多种多样的佳肴，如木薯经过煮、炸、煎、炒、炖、烤等工艺，可以做出30多种花样，既可作为主食，也可作为菜肴，且色、香、味俱佳，令异国他乡的客人眼花缭乱，目不暇接。

土著居民的食物主要为花生、木薯、土豆、玉米、香蕉、南瓜、鱼等，传统加工方法多为用木棒将其捣碎后煮熟或发酵。一种用香蕉叶包裹南瓜或花生，加上鱼类、肉类或蔬菜等制成的食品，是当地人的传统食品，被称为"白色小安娜"。赤道几内亚人还喜欢吃一种发酵的木薯食品，外国游客大多不能适应。

赤道几内亚人爱喝一种风味独特、浓香扑鼻的饮料，俗称

"棕榈酒",其酿制的方法和原料会因地区而异。比奥科岛上的居民自制的棕榈酒以棕榈树上的雄性花蕊为原料,有浓烈的酒香;大陆地区居民自制的棕榈酒则以棕榈树的汁液和新榨的甘蔗汁为原料,经发酵和高温蒸馏过滤酿制而成,酒精度较高,味道香醇。

赤道几内亚人在进餐时有一些约定俗成的规矩。城市居民吃饭时习惯于使用刀和叉,乡村居民则习惯于用手抓饭吃。用手抓饭时将饭菜或汤洒在草席上是大多数当地居民特别忌讳的,被视为一种不礼貌的行为。

贫富悬殊,穷人一般一日一餐或两餐,始终处于半饥饿状态;富人一般吃西餐,一日三餐,生活相当惬意。因为临海,巴塔等地的海鲜较为便宜,尤其是虾和黄花鱼,大海蟹等也可以买到。

(三)居住条件

城市居民的居住条件比农村居民好,但是还有待进一步改善。比如,巴塔最高建筑阿巴亚卡(Abayak)公司大楼,是一座外墙由铝合金板装饰、装有电梯的七层现代化大楼,一到夜晚,大楼里外灯火通明。但城内其他房子则是破旧的二层或三层楼,居民聚居区中大多数是一层的木板房,屋顶是镀锌铁皮瓦,大多数屋顶被刷成红色,也有刷成绿色的。在农村,人们通常住在尖顶圆筒的茅草屋里,二三十户人家比邻而居,形成一个村落。

在芳族人居住的农村地区,几乎在每一个村庄都能够看见一幢格外引人注意的房屋,同四周的那些茅草屋相比,这幢房屋由上等材料建成,高大宽敞,造型别致,装潢考究,耸立在村中最醒目的地方,四周绿树鲜花环绕,宛如一处桃源仙境。这就是在当地芳族人心目中享有崇高地位的"村屋"，即全村人共同拥有的房屋。"村屋"是神圣权利的象征，是村中享有最高礼遇的代表和进行欢歌曼舞的地方。当地有尊重老年人的习惯，由村中最年长者担任村长。村里的重大事情，由村长召集村里的长老们在"村屋"里协商讨论，大家畅所欲言，各抒己见，他们最终做出的决策村民必须无条件执行。村里若发生某种纠纷，如夫妻不和、兄弟吵架、邻里反目等，由某一位年长者将当事各方召集到"村屋"里进行调解。村里不论谁家有远道而来的客人，村长均要请到"村屋"进行礼节性会见，并以当地的土特产招待。因此，有人戏称"村屋"是最基层的议会总部所在地。

（四）礼仪

赤道几内亚人待人热情，也很讲究文明、有礼貌。熟人相见主动打招呼问好，男人通常以互相握手致以问候，而女人之间的见面，大多数时候是互吻面颊。许多赤道几内亚人特别注意称谓，认为得体的称谓是有教养的体现。有趣的是，他们的称谓也很有特点。在当地人的称谓中，有爸爸、妈妈、岳父、岳母、爷爷、奶奶、兄弟、姐妹、儿子、孙子等，敬称有阁下、先生、夫人、女士、小姐、朋友等。有时也称受尊敬的人和年长的外来客人为"爸爸""妈妈"，见到年长的外国客人常常称呼对方"爸爸"或者"妈妈"，而且往往将对客人的称呼与其国家的名称连起来，如"您好，中国爸爸""欢迎您，中国妈妈"。

赤道几内亚人非常好客，对来自异国他乡的客人极为友善，稍稍熟悉之后，便邀请客人到家中做客，用富于地方风味的食物招待客人。他们称外来客人为先生、夫人、女士、小姐，见面时行握手礼。

赤道几内亚人讲究礼节，公共场合不允许穿短裤、背心，不允许赤膊。赤道几内亚人的传统服装"袍袍"为宽大连体大摆裙子，颜色鲜艳，一般在节日期间穿。

（五）禁忌

赤道几内亚人忌吃鹿肉，尤其是女子绝对不可违反，而对于男子，则要求没那么严格。鹿在芳族人文化中有着特殊的地位，象征着大自然，代表着森林的灵性，这也是赤道几内亚人忌讳吃鹿肉的原因。年轻人只有在达到一定年龄并通过神秘的入教仪式后才可以食用鹿肉。

此外，赤道几内亚人在宗教方面的忌讳很多，如穆斯林禁食猪肉。芳族人特别忌讳外人走进或看见珍藏祖先遗物的地方，若有人违反了这一禁忌，则认为大家将会遭受不幸。

赤道几内亚人聚餐喝酒时，一般不强行劝酒；不打听当地人私事，如个人情感、工资收入等；谈话内容不涉及政治；在非吸烟场合，不能吸烟；在吸烟场合，如果有女士在场，则应先征求其同意。

（六）传统活动

1. 民间集体舞

在周末、节日或群众性的庆祝活动中，民众喜欢跳一种民间集体舞。跳舞时，女人头上插着五彩缤纷的羽毛，腰穿兽皮裙衣，小腿上绑着很多贝壳、龟甲和小铃铛；男人则裸露上身或胸部，两臂和两腿上涂着黑白相间的条纹，随着时而急剧明快有力、时而低慢深沉的木鼓声，有节奏地扭动四肢、腹部和臀部，跳起美丽的舞蹈。此时，身上的羽毛和兽皮闪闪发光，身上的铃铛响成一片，营造出欢乐的集会气氛。

2. 祖先崇拜

芳族人将自己的祖先奉为崇拜的偶像，供奉祖先的木雕像，精心珍藏着祖先的遗物，这些遗物均是在一些重大的狩猎或捕鱼活动中保留下来的具有象征意义的纪念品。每逢重大活动，芳族人必定把经过精心雕刻的祖先的头盖骨和其他骨头作为活动开始前祭祀仪式的宗教物品，由本部族德高望重的酋长主持祭祖仪式，对祖先的遗物顶礼膜拜。仪式结束后，将祖先的头盖骨和其他骨头存放在圆形木盒中，交给本部族的酋长当作珍品保管。对于芳族人来说，祖先的头盖骨象征着力量和智慧。

3. 芋头节

比奥科岛的居民主要为布比族，芋头是他们的主要食物。芋头的营养价值高，加之比奥科岛得天独厚的气候和肥沃的火山灰土壤特别适宜芋头的生长，所以单位面积产量很高。在比奥科岛，家家户户几乎都种植芋头。村民每年都要宰羊祭祀，举行隆重的庆祝活动——"罗奥莫"节，以祈求来年芋头丰收。这就是闻名世界的芋头节。

4. 芳族男青年的成年教育

芳族男青年满16周岁后就要举行标志从少年跨入成年的宗教仪式。仪式之后他们要经历一段相对隔绝的特殊生活，以培养男子汉的勇敢精神，同时学习防卫本领和有关大自然的知识。同时，年轻人还得学习劳动、医学和舞蹈等知识，使自己拥有适应大自然的能力。

三 节 日

（一）国庆节（10月12日）

也称"独立日"。15世纪中叶，葡萄牙侵入比奥科岛，开始建

立殖民统治。1778年，西班牙占领比奥科岛，并不断扩张，于1845年开始了长达两个世纪的殖民统治。在殖民统治时期，赤道几内亚人民进行了长期英勇的斗争，发动了多次武装起义。第二次世界大战后，非洲民族解放运动蓬勃发展。1959年，赤道几内亚出现了一批民族主义组织；1967年底，民族主义组织与西班牙代表在马德里就制定独立宪法进行谈判；1968年10月12日，经过公民投票，赤道几内亚宣告独立，定国名为"赤道几内亚共和国"。

（二）军队节（8月3日）

又称"'八三'自由政变节"。独立后，马西埃政权实行独裁统治，国家经济落后状况非但没有改善，反而进一步恶化，导致社会动荡，人民不满。1979年8月3日，国家革命人民武装力量部副部长奥比昂中校发动军事政变，推翻了马西埃政权，成立了以奥比昂为首的最高军事委员会。此后，将每年的8月3日定为军队节。

（三）宪法节（8月15日）

1968年8月11日就独立宪法进行了全民公决，并得以通过，8月15日正式生效。独立宪法的诞生标志着赤道几内亚成为一个主权独立的共和国。

（四）现任总统奥比昂生日（6月5日）

该节日是为庆祝现任总统奥比昂生日特设。通常，政府会举办生日庆典活动，教堂里也有相关弥撒活动，全国各地还举行各类体育比赛为总统祝寿。

（五）其他节日

重要的宗教节日：受难节、复活节和圣诞节等。

地区性节日：巴塔喜庆日（7月25日）、马拉博喜庆日（11月17日）、赤道几内亚保护神节（12月8日）。

其他全国性节日：元旦（1月1日）。

第三节 特色资源

一 旅游胜地

（一）莫卡河谷、莫卡湖和尤瑞卡小镇

莫卡河谷坐落于莫卡小镇，漫步其中，可以感受到这里的风土人情，知悉当地布比族人的生活方式。在莫卡河谷可以欣赏到小瀑布、洛丽塔湖（Lake Loreta）和标湖（Lake Biao）。这三个景点因有大量的猴子生活而闻名。

位于比奥科省北部马拉博峰南30千米处的莫卡湖也是有名的景点。莫卡湖由火山喷发形成，平均水深22米，是岛上最大的淡水湖。湖水清澈见底，与海岸金色的沙滩、湛蓝的海水交相辉映。

在比奥科岛南岸的尤瑞卡小镇可以看到海龟纷纷爬上海滩，在灼热的沙子里产蛋，吸引了众多游人观看。这里清凉的海水很适合游泳嬉戏。附近有多家饭店、旅店、超市和酒吧等。

（二）蒙特阿伦国家公园

蒙特阿伦国家公园位于赤道几内亚中部地区，占地面积1400平方千米，是赤道几内亚保护最好也是中部非洲保存最好的一块原始地带。蒙特阿伦国家公园主要被热带雨林覆盖，河网密布，是观赏苍翠繁茂的雨林和野生动植物的最佳地方。沿着公园里的小路可以到达许多湖泊。由于气候温和、湖水平静、水草茂密，公园里有

非常丰富的动物，譬如大猩猩、黑猩猩、森林象、鳄鱼等。最有趣的动物是巨型青蛙，有的重达4公斤。在公园中徒步旅行是很艰难的，因为气候炎热、地面光滑，所以游客需要携带水、干衣服和其他旅游必需品。

（三）马拉博白沙滩

赤道几内亚的首都马拉博虽然在一个岛上，却是目前赤道几内亚唯一一处有沙滩的地方，因此成为著名的度假胜地。在那里，柔软的沙滩、蔚蓝的海水和无边无际的大海组成梦幻般的风景。细腻白色的沙滩吸引了世界各地的游客，每到周末，游人纷纷来到白沙滩游泳和观光。这里距离市区约有40分钟的车程，汽车可以直接开到海滨。游客中不仅有外国人，也有一部分赤道几内亚上层人士及其家属。

每年12月至翌年2月，几内亚湾的海龟纷纷爬上沿海海滩产蛋，场面蔚为壮观。四季如夏的热带风光、白沙滩浴场和木鼓恋、芋头节等民俗吸引了来自世界各地的游客。当地政府计划在白沙滩建设一个豪华饭店。这个以前仅有几户安诺本人的破败的渔民小村正在变成一个著名的旅游景点。

（四）比奥科岛

比奥科岛是几内亚湾最大的岛，也是非洲最美丽的岛之一，同时还是非洲动物重要的栖息地。比奥科岛为火山岛，地势崎岖。在这里，游客既可以看到非洲濒危灵长类动物嬉戏玩耍，也可以欣赏到50多种独特的非洲植物。

如果在旱季（11月至翌年2月）来到比奥科岛，可以看到大量美丽的蝴蝶聚集在雨林，濒危海龟在黑色沙滩上筑巢，将近200种鸟类飞行在各岛之间，令人目不暇接。比奥科岛盛产芋头，芋头是岛上居民的主要食品。每年种完芋头后人们都要举行盛大的庆祝活动，祈求来年芋头大丰收，这就是著名的"芋头节"。

二 著名城市

（一）马拉博

马拉博市为赤道几内亚第一首都、北比奥科省省府，为全国政治、商贸、金融及文化中心。

马拉博位于比奥科岛北部，南依巴希莱峰，北临几内亚湾。建于1827年，曾被英国人命名为克拉伦斯。西班牙人将其占领后以西班牙女王伊莎贝尔二世的名字命名为圣伊莎贝尔。1968年10月赤道几内亚独立后被定为首都，以赤道几内亚抗击殖民主义侵略的民族英雄的名字命名，改称马拉博。

马拉博年平均气温约25℃，年降水量1900毫米，属于热带雨林气候，每年5~12月为雨季，1~4月为旱季。白天日照比较强，早晚凉爽；无地震、台风等自然灾害。

2011年6月启用的西波波（Sipopo）新城，为非洲联盟（简称"非盟"）第17届和第23届首脑会议的举办地，成为赤道几内亚一处新的国际会议举办地和旅游胜地。

马拉博气候湿热，风光旖旎。斯蒂贝尔峰是马拉博最高峰，也是一处旅游景点，目前正在开发中。马拉博森林是热带雨林，常常浓雾缭绕，但天气稍好时，薄薄的晨雾就像漂亮的轻纱，披在青山绿树妖娆的身躯上，陡峭的火山岩石、挺拔高耸的红树，凸显马拉博婀娜的身姿。

城郊肥沃的火山灰土壤适宜可可、咖啡等热带经济作物的生长，这里是非洲最早种植可可的地方，也有粮食及木材加工等小型

工厂。马拉博港湾条件良好，是可可输出中心，这里有天然良港和国际机场，既有全国最大的进出口贸易港口，也有通往各省和西非各国的航线。

2014年，马拉博市人口约26.6万人。市街呈正方形，6条南北向街道与6条东西向街道垂直交叉。市内房屋多为二层楼房，带有方形或拱形前廊，颇具西班牙风格；现代化的高楼大厦很少，总统府、大教堂、银行大厦是当地著名建筑物。市郊林木苍翠，其间有许多火山口形成的湖泊。

马拉博是比奥科岛的公路中心，环岛公路以马拉博为起点，另有一条机场公路，却无铁路。随着财政状况的改善，赤道几内亚政府加大了基础设施建设力度，修建了一些新公路并对原有公路进行整修。马拉博港位于北部比奥科岛的北海岸，濒临邦尼湾的东南侧，又名圣伊莎贝尔港，是赤道几内亚最大的海港。

（二）巴塔

巴塔临近几内亚湾，是赤道几内亚大陆大区的主要城市，原为木尼河省省府，现为滨海省省府及赤道几内亚经济首都（或陪都）。赤道几内亚大陆大区所产的咖啡、可可、橡胶和木材等均由此出口。巴塔是赤道几内亚第一大城市，整体建设比较漂亮，特别是海滨路，包括海滩栈桥等在内的建筑都是欧式风格。其代表性建筑是一幢9层高的靓丽大厦，为阿巴亚卡公司的办公楼。

2013年，巴塔人口约24万人。巴塔港是赤道几内亚重要的港口，为赤道几内亚海运和物流的发展提供了有力的支撑，在赤道几内亚的经济发展中发挥了重要作用。2015年，赤道几内亚政府上马的规模10万吨集装箱码头的改扩建三期工程正在建设中。赤道几内亚政府计划将巴塔港打造成非洲中部地区的枢纽港、中心港，

第一章 概 览　Equatorial Guinea

使赤道几内亚一跃成为中非地区的航运中心。此外，巴塔港还有公路通往内地城镇及邻国喀麦隆和加蓬。

（三）欧亚拉

欧亚拉，又称基布罗霍，是一座兴建中的城市，计划取代马拉博成为赤道几内亚未来的首都。它位于韦莱-恩萨斯省，邻近蒙戈梅因镇。新城的地址在维拉河（Río Wele）流经的欧亚拉地区，因新城附近有个村庄名叫欧亚拉（Ogala），因此赤道几内亚政府将新首都命名为欧亚拉。

新城规划于2003年启动，2008年开始建设，目前在建的项目以基础设施为主，主要有城市周边的放射状高速公路、欧亚拉新城连接巴塔和周边几个大城市的高速公路，以及欧亚拉市区的主要公路干线、市政桥梁、总统府、凯宾斯基酒店、和平医院、中非国际大学等项目。

对欧亚拉新城的远景规划是使其成为全国行政管理中心、文化中心以及大陆地区重要的经济中心与交通枢纽。未来这里将成为赤道几内亚国家的立法、司法、行政部门所在地和人民代表院、最高法院、总统府、政府及其各部委的办公区域，同时也将是外事机构的集中驻地，外国使领馆以及相应的生活区也将在此建成。欧亚拉作为行政城市具有良好的区位优势：位于赤道几内亚大陆大区的几何中心偏东位置，到周边各省省府的空间距离合理；具有良好的交通条件，靠近大陆大区现有的重要交通设施——东西向交通动脉巴蒙公路以及东部规划的重要航空港蒙戈莫亚（Mongomeyen）机场。因此，欧亚拉将成为大陆地区重要的交通枢纽。

作为国家第二大城市的欧亚拉建成后，能容纳13万~15万人。截止到2015年，开工建设项目不仅在欧亚拉新城展开，附属

基础设施工程也在大陆地区同步进行，包括从欧亚拉到巴塔、欧亚拉到蒙戈莫、欧亚拉到埃贝比因（Ebibeyin）的高速公路，吉布劳水电站工程（中国水电建设集团承建），吉布劳到巴塔的输变电工程（中国机械设备工程股份有限公司承建），以及吉布劳城市道路主干线和市政桥梁及绿化工程等。

三　建筑艺术

（一）马拉博国际会议中心

马拉博国际会议中心是赤道几内亚政府为召开2011年非盟首脑会议而投资兴建的，享有"赤道几内亚人民大会堂"的美誉，是赤道几内亚的标志性建筑。整座建筑将现代风格和非洲特色有机地融为一体，外观造型大气恢宏，极具视觉冲击力。

马拉博国际会议中心总建筑面积3万平方米，总高度31.2米，共分为5层，包括会议大厅、中小会议厅、分组会议室、总统套房、办公室等功能用房。国际会议中心功能由四部分组成，分别是主会议区、总统接待区、分组会议及办公区、设备及辅助用房区。中心的方形院落是联系各功能区的纽带，有机地将各功能区连为一体，相对独立又能便捷联系。其中主会议区的相关设施包括：一个可容纳1600人的会议大厅、一个拥有304个座位的中型会议厅和一个拥有154个座位的小型会议厅，一间新闻发布室，以及小新闻发布室、分组会议室、部长会议室各两间。会议中心可以满足召开非盟首脑会议、赤道几内亚国家各种会议等各种高规格会议的要求，是赤道几内亚最具现代化水平的建筑。

（二）巴塔体育场

巴塔体育场是一座位于赤道几内亚巴塔市的综合体育场。该体育场原先可容纳 22000 人，扩建后可容纳 37500 人，是 2012 年非洲国家杯比赛场馆之一，非洲国家杯的开幕式与决赛都于此举行。2008 年非洲女子足球锦标赛也在此举行。

  体育场包括训练场地设施及发电机房、门卫房等附属设施，总建筑面积约 18000 平方米，占地面积约 99000 平方米。体育场结构为现浇混凝土框架结构，看台为预制板，屋盖为钢结构，基础为独立基础，主看台的建筑高度为 13.6 米，看台区域檐高 8.3 米。

  巴塔体育场是由中国援建的，由中铁工程设计院有限公司设计、中国中铁建工集团有限公司承建。

第二章

历　史

赤道几内亚的历史可追溯到新石器时代，但作为一个现代国家，其成立的时间并不长。15世纪中叶后，葡萄牙人入侵赤道几内亚，18世纪晚期西班牙开始统治该地区。赤道几内亚经过长期斗争，于1968年取得独立，独立后马西埃担任总统，开始了独裁统治。1979年，奥比昂发动政变上台执政，由此开始了赤道几内亚的民主化进程，社会经济也得到稳步发展。

第一节　古代简史

赤道几内亚的历史可追溯到新石器时代，当时赤道几内亚的居民为俾格米人①。俾格米人是对非洲各部落族群中一个身材较矮的族群的统称，新石器时代晚期他们就已经开始在赤道几内亚生活，并发展为好几个小部落。但是到了990年前后，其地域逐渐被较为强大的班图人②占领，俾格米人逐渐成为当地的弱势族群，被迫迁往他处。

---

① 俾格米人（Pygmies，单数作 Pygmy），大约是新石器时期出现的居住在非洲中部热带雨林的居民，成年男子平均身高不足150厘米，从事狩猎和采集。
② 班图人是班图尼格罗人的简称，非洲南半部班图语系诸语言的各族人民的统称，原住尼罗河上游，后逐步向南扩散，最终遍布整个南部非洲大陆。班图人包括芳族人、杜阿拉人、巴尼亚卢人、布隆迪人、吉库尤人、巴干达人、尼奥罗人等，他们各有自己的语言文化和风俗习惯，社会经济发展不平衡。

赤道几内亚

　　班图人（Bantu）是非洲撒哈拉以南，包括中部、东部和南部地区大约超过400个族裔的统称。他们承袭共同的班图语言体系和文化，在赤道几内亚登陆时便以体型与文明优势打败了身材矮小的俾格米人。

　　在非洲，赤道几内亚作为一个现代国家，其成立时间不长，在长期的历史发展中，这个地区并不存在"赤道几内亚"这样一个古代国家。在前殖民时代，赤道几内亚与大多数撒哈拉以南的非洲国家一样，其政治发展和成熟程度在总体上还未达到民族国家水平。但是这一块小小的古老土地，在历史上曾先后被一些规模大小不一、发展程度各异的古代王国统治，或者出现过一些城邦式的政治共同体或松散的部族酋长国与部族联合体。这些部族酋长国给后来的赤道几内亚国家的政治、社会发展留下了深刻的烙印。

　　早在1300多年前，比奥科岛就有人居住。这些早期居民是从现在的喀麦隆地区迁徙过来并定居的。从比奥科岛上发掘出的一些陶器、渔具、石斧等物品来分析，早期的岛上居民主要以捕鱼、狩猎以及种植甘薯和油棕为生，这些古代居民被称为"布比人"（Bubis），他们的食物以甘薯、香蕉和其他蕉类果实为主。他们与外部世界联系很少，并且对贸易不感兴趣。布比人在岛上建立了自己的王国，这个王国由于处于生产力极为低下的原始社会阶段，还没有建立起完善的政治制度。

第二节　近代简史

一　葡萄牙人的入侵

　　15世纪中叶，出于对西非黄金、象牙及其他珍贵物资的渴求，

第二章 历 史

葡萄牙人越过直布罗陀海峡，沿非洲西海岸南下，在几内亚湾附近发现了比奥科岛。葡萄牙人为当地绮丽的热带风光所陶醉，于是称之为"福摩萨"（Formosa），即美丽岛。但相对于葡萄牙人发现的其他岛屿（如圣多美岛和普林西比岛），比奥科岛地势高，可开发的土地不多，航船不便进入和停泊，而且其热带雨林气候也使得葡萄牙人的主要武器——火器难以发挥作用。所以，虽然葡萄牙人发现了该岛，但他们并没有在此建立有效的统治并加以利用。

随着1494年《托尔德西里亚斯条约》的签订，非洲不少地区开始沦为葡萄牙和西班牙的殖民地，当地原住民是最大的受害者，沦为奴隶，家破人亡。1494年条约生效后，原住民统治赤道几内亚的时代告一段落，赤道几内亚进入殖民时代。

1494年6月7日，经教皇亚历山大六世（西班牙人）协调，西班牙和葡萄牙两国在西班牙卡斯蒂利亚的托尔德西里亚斯小镇签订一份旨在瓜分新世界的协议，即《托尔德西里亚斯条约》。该条约规定两国将共同垄断欧洲之外的新世界，新世界以亚速尔群岛和佛德角群岛以西100里格的子午线为分界线，分界线以西归西班牙，以东归葡萄牙。西、葡两国分别于1494年的7月2日和9月5日批准了该条约。这条分界线，也被称为"教皇子午线"①。

1494年《托尔德西里亚斯条约》生效后，西班牙和葡萄牙海外势力及领土开始快速扩展，但葡萄牙人真正开始殖民赤道几内亚则是从1499年登陆赤道几内亚开始。根据《托尔德西里亚斯条约》，

---

① 教皇子午线是1493年5月在罗马教皇亚历山大六世的仲裁下西班牙和葡萄牙瓜分殖民地的分界线。葡萄牙和西班牙参照教皇子午线对两国在非洲的势力范围进行了划分，今天拉丁美洲的范围在很大程度上是由这条"教皇子午线"决定的，并由此形成了拉丁美洲的西语区和葡语区。

位于西经46度以西的领土归西班牙,该线以东的领土归葡萄牙,葡萄牙人由此占有亚洲和非洲地区,南美洲大部分为西班牙所有。不久后,奴隶贸易兴起,葡萄牙人便垄断了非洲的奴隶劫掠和出口权。

安诺本岛的情况则略有不同。1471~1472年,葡萄牙人首先到达这个无人居住的岛。发现该岛的是葡萄牙人约戈德·梅隆(Jorgede Melo),他随即宣布对该岛的所有权。不久,他将之卖给另一个葡萄牙人路易斯·阿尔梅达(Luis de Almeda),而后者则将该岛作为转运从圣多美等地劫掠的奴隶的据点。1592年葡萄牙在圣多美建立殖民统治之后,将安诺本岛纳入其管辖范围。1613年和1623年,荷兰殖民者到达安诺本岛,一些荷兰的奴隶贩子将安诺本岛作为奴隶的集散地。到18世纪早期,安诺本岛成为货物中转站和进出口贸易中心,如安哥拉的水果和其他商品都在此地中转。1645年、1647年、1654年,西班牙、意大利等国的天主教传教士在安诺本岛进行活动,由于当地人的强烈抵制,传教活动收效不大。

科里斯科岛的历史与安诺本岛有些相似。15世纪葡萄牙人登上该岛时正遇到狂风暴雨、雷电交加,他们惊恐万分,称它为"科里斯科",即"雷电岛"。16世纪和17世纪,岛上的奴隶贸易非常活跃,到1656年,葡萄牙甚至成立了一个专门的公司来处理奴隶事务。17世纪时,荷兰人也在岛上活动过。但从18世纪初期开始,岛上的贩奴活动逐渐减少,到1723年时贩奴活动已大部分转移到今天加蓬的洛佩斯港了。

二 西班牙统治时期

(一)西班牙对赤道几内亚地区的侵占

18世纪晚期,西班牙的势力急剧增长,并向世界各地进行殖

第二章 历 史

民扩张。西班牙为了在非洲寻找一个进行殖民活动的据点，希望向葡萄牙购买一块非洲地区。1777年，西葡两国经过协商，西班牙从葡萄牙手中购买了比奥科岛、安诺本岛和科里斯科岛。西班牙羡慕葡萄牙在圣多美等地的成功，欲效仿葡萄牙把比奥科岛作为非洲奴隶贸易的中心。1777年，西班牙正式实施该计划。1778年，西班牙派遣一支150人的队伍到达普林西比同葡萄牙官员会面，完成交接手续后两国于1778年10月正式签订条约，葡萄牙同意让给西班牙一些非洲沿海岛屿，以及大陆上位于欧果韦河（位于今日加蓬共和国境内）和尼日尔河之间的领土。作为交换，葡萄牙人对西经50度以西美洲地区（今巴西西部）的所有权得到西班牙承认。1778年，西班牙人登陆并占领比奥科岛，将其改名为费尔南多波岛，以纪念其发现者。

但是比奥科岛与圣多美岛等岛屿在地理和生态等方面存在巨大的差异，加上黄热病横行，西班牙人在岛上移民的尝试屡遭失败，被迫于1781年撤出该岛。虽然西班牙政府支持其商人在这些岛上进行奴隶贸易，但他们的行动并没有取得成功。西班牙政府在遇到挫折之后随即撤销了对这些商人的支持，但仍然有为数不少的西班牙商人在此继续进行贩卖奴隶的活动。1785~1800年，仍有许多船只往返于科里斯科与西班牙的各大城市之间，直到拿破仑战争爆发后，西班牙忙于战争，这些活动才有所减少。

（二）英国租借比奥科岛

1807年，英国开始在非洲开展反对贩卖奴隶的活动，并颁布了禁止奴隶贸易的法令。为了实行这一禁令，英国皇家海军需要一些基地来支援海军舰只监督尼日尔河河口与奴隶海岸（今贝宁共和国）之间的地带。

33

1817年，英国与西班牙签署条约，西班牙同意限制其在西非赤道以北的奴隶贸易并最终在1820年终止所有贩奴活动，而英国军队则有权检查和监视西班牙船只。

1827年，英国政府把费尔南多波岛作为监视西非海域的一个据点，向西班牙提出租借要求。西班牙同意把费尔南多波岛租借给英国用作稽查奴隶贸易的英国巡航舰队的停泊基地。英国人在克拉伦斯港和圣卡洛斯海湾修建了基地。费尔南多波岛的统治权也落入英国手中。此后16年间，英国海军在岛上安置了许多从贩奴船上解救的黑人奴隶。

英国人在租借费尔南多波岛后，除了将其作为其军事据点外，还尝试在岛上种植作物，并反对西班牙商人在岛上继续活动。1827年，英国人威廉姆斯·欧文（Williams Owen）到达费尔南多波岛并开始利用奴隶从事生产。1829年，爱德华·尼科尔斯（Edward Nicolls）取代欧文，并对费尔南多波岛进行了一番改造，大力发展棕榈树种植业。从1827年开始，费尔南多波岛的棕榈油产量大幅度上升，英国人从棕榈油的生产和贸易中获利很多。

同时，英国人也看到了费尔南多波岛的战略地位，有意将费尔南多波岛作为其深入西非心脏——尼日尔河流域的跳板。1839年和1841年，英国两次向西班牙提出购买费尔南多波岛，但都遭到西班牙的拒绝。1839年英国出价5万英镑购买该岛，两年后西班牙同意以6万英镑出卖，但当英国同意该价格时，西班牙却推翻前议，拒绝出售。1841年，一支英国队伍从费尔南多波岛出发沿尼日尔河进入中非地区，但在登陆时遭到当地人的袭击，伤亡惨重。此后，英国政府不再看好费尔南多波岛，只有一些英国私人公司仍将费尔南多波岛作为进行橡胶、树脂、可可和咖啡等商品贸易的中转站。

(三) 西班牙的殖民统治

随着西班牙奴隶贩子在非洲活动的加剧，西班牙与英国在西非的冲突也进一步加剧。

1840年，英国袭击了科里斯科岛上的西班牙人。1841年，英国出动军队焚烧了西班牙在塞拉里昂的贩奴据点。西班牙为了维护自己在西非的利益，决定收回比奥科岛。1843年，西班牙派遣军队到达比奥科岛，并将其名字由英国人命名的克拉伦斯改为圣伊莎贝尔。1843年，英国海军把反奴隶贸易基地挪至弗里敦，同时将岛上的建筑物出售给浸礼会教士，不过这些教士于1858年被西班牙驱逐出境。1844年，西班牙收回了英国对费尔南多波岛的租借权，并加强了对费尔南多波岛的统治。从1844年起，西班牙开始积极地开发费尔南多波岛。1845年，西班牙同木尼河地区各酋长签订条约，木尼河区沦为西班牙保护地。1858年，在宣布拥有比奥科主权80年后，西班牙政府正式派驻了第一任西班牙籍总督，这标志着西班牙正式对费尔南多波岛实施殖民统治。1860年，西班牙开始在岛上部署军队。随着西班牙殖民统治的建立，从1868年开始，大量西班牙公司进驻该岛；与此同时，天主教士又开始在岛上传教。从1879年起，西班牙政府将费尔南多波岛用作放逐古巴犯人的流放地。

1898年，西班牙在美西战争中败北，被迫放弃了在美洲和亚洲热带地区的所有领地。接着，法国在1899年法绍达事件后占领了木尼河地区，但在1900年又将其归还西班牙，以此换取法国人在费尔南多波岛上购买土地的优先权。1926年，西班牙将费尔南多波岛和木尼河区合并为西属几内亚，总督府设在费尔南多

波岛的圣伊莎贝尔，副总督和地方行政部门设在木尼河区的巴塔。

19世纪晚期，西班牙实力衰退，其在非洲的殖民活动也受到其他国家的排挤。尽管在1884~1885年的柏林会议上，西班牙宣称其在非洲的领土有18万平方千米，但英国随即宣布在西班牙刚宣称的领土上成立东尼日利亚，德国则在1884年控制了喀麦隆，从而使西班牙控制非洲西海岸的企图落空。1900年，法国与西班牙签订了确立木尼河地区边界的条约，这使西班牙在几内亚湾陆地上的面积大大缩小，仅限于今天的木尼河地区。

在西班牙统治时期，赤道几内亚地区开始种植可可。可可是1822年西班牙人从巴西引入圣多美，再由圣多美传到比奥科岛的。由于赤道几内亚岛屿的雨林气候十分适宜可可的种植，因此原来在该地区从事棕榈油生产和贸易的商人大量投资可可种植。可可的产量也大幅度增加。1879年，赤道几内亚地区可可的产量达到10万磅（45359公斤），价值约2万美元。可可种植也吸引了大量外来劳动力涌入，他们主要来自安哥拉、喀麦隆、尼日利亚、加纳和塞拉利昂等非洲国家。

从1858年开始到1968年赤道几内亚独立，西班牙共向赤道几内亚派驻了99任总督。1902年，西班牙政府成立了一个直属政府的非洲事务顾问委员会，负责监督赤道几内亚地区的法律、公共事务、税收和经济，并向马拉博派驻了一名省督。西班牙将木尼河地区分为两个区域，分别派驻官员管辖；安诺本则由两个对总督负责的官员管理。20世纪初，西班牙政府计划以特许方式将赤道几内亚地区交给外国公司经营，但直到1914年才将之纳入年度预算，不过此计划始终没有实施。1936年西班牙佛朗哥政府成立后，西

第二章 历 史

班牙政府对赤道几内亚的政策着重于保持西班牙在赤道几内亚地区的势力。1942年，赤道几内亚被西班牙称为"几内亚湾西班牙领地"。1950年，西班牙政府将包括赤道几内亚在内的西属撒哈拉地区统称为"海外省"。1956年8月12日，西班牙政府正式将赤道几内亚地区改名为"几内亚湾西班牙海外省"。

第三节 现代简史

一 民族主义运动和反对西班牙殖民主义者的斗争

西班牙统治时期，赤道几内亚的民族主义者已经开始觉醒。1907年，赤道几内亚的一些非洲民族主义者在西班牙马德里召开第一次会议，商议促进非洲经济发展问题。1908~1910年，他们在西班牙的萨拉戈萨、马德里和瓦伦西亚又分别召开了三次会议。这一系列会议的召开促进了赤道几内亚民族主义的发展，推动了赤道几内亚反抗殖民统治和寻求独立的步伐，并直接促成了赤道几内亚非洲人联盟的成立。

西班牙在赤道几内亚的殖民统治遭到赤道几内亚人民的英勇反抗。在长达两个世纪的时间里，赤道几内亚人民进行了持续的斗争，特别是比奥科岛上的布比族人。自19世纪中叶欧洲人入侵比奥科岛以来，布比族人的国王莫卡就拒绝与欧洲人合作，并告诫布比族人不要与外国人交往。在莫卡的领导下，布比族人进行了顽强的抵抗。1898年3月，莫卡国王逝世，布比族人遵从莫卡的遗愿继续斗争，并于1898年、1907年和1910年三次发动起义。西班牙派遣军队进行了残酷的镇压。1917年，西班牙殖民当局强行解

除了布比族人的武装，没收了大批武器，包括火枪1000多支、子弹100多万发。1927年以前，西班牙殖民当局只能在木尼河区的沿海地带行使权力，直到1940年，西班牙才完全镇压了赤道几内亚内地人民的武装抵抗。

在赤道几内亚人民的顽强斗争下，西班牙当局被迫改变它在赤道几内亚的统治方式。1959年12月19日，西班牙议会经过讨论决定给予赤道几内亚两个省6个议员名额，其中3名为非洲人。西班牙内战和第二次世界大战以后，西属几内亚才获得些许自由，其独立的要求也逐渐受到国际和联合国的关注。1959年，西属几内亚被西班牙划为费尔南多波和木尼河两个海外省，总督以下设立省督。1962年9月，赤道几内亚的民族主义者在利伯维尔开会，坚决主张脱离西班牙而独立。在赤道几内亚人民的强烈要求下，西班牙殖民当局于1963年12月举行全民公决投票，通过"内部自治"法规。1964年1月，西班牙在联合国的谴责下被迫在赤道几内亚举行公民投票，结果两省取得内部自治地位。然而，西班牙仍然牢牢控制着赤道几内亚的实权，赤道几内亚人民只有彻底推翻西班牙的殖民统治才能获得真正的自由。

二　独立进程

（一）赤道几内亚独立斗争的背景

20世纪60年代，民族主义浪潮席卷非洲，赤道几内亚人民要求独立的呼声日渐高涨。国际社会十分关注赤道几内亚的政治发展。1963年，非洲大部分殖民地已经获得独立；同年6月，非洲国家领导人们在亚的斯亚贝巴筹备成立非洲统一组织，并对赤道几内亚的独立表示支持。

第二章 历 史　Equatorial Guinea

（二）联合国对赤道几内亚独立进程的关注

联合国非常支持赤道几内亚的独立愿望和要求，多次投票通过决议，要求西班牙尽快使赤道几内亚独立。联合国派出工作团到赤道几内亚考察，并调查西班牙殖民主义者的行径，对西班牙在赤道几内亚的行为十分关注。

1966年8月，联合国的一个下属委员会访问赤道几内亚，并发布报告说，赤道几内亚需要且应当在1968年取得独立地位。1967年12月，联合国大会做出决议，呼吁西班牙承诺在"不迟于1968年7月使赤道几内亚取得独立，成为一个单一的政治和领土实体"。

（三）民族主义者的斗争

尽管赤道几内亚禁止组织相关政治性的集会和结社活动，但一些争取独立的组织却在喀麦隆、加蓬和阿尔及利亚等国家进行活动。这些组织主要包括"赤道几内亚全国解放运动"和"赤道几内亚人民思想党"等。"赤道几内亚人民思想党"领导人为了换取喀麦隆对赤道几内亚民族主义斗争的支持，甚至主张立即实行与喀麦隆合并为联邦的计划。

（四）西班牙继续对赤道几内亚民族独立斗争施加影响

西班牙大力鼓励、扶持赤道几内亚的政治人物建立自己的政党，如"赤道几内亚全国联合运动"以及一些具有民族狭隘主义倾向的组织，如"布比联盟""恩多沃联盟""费尔南多波民主盟"等，企图利用这些政治力量的分离主义、民族至上的局限性、优厚的物质待遇和荣耀的政治地位来拉拢这些组织的领导人。

此外，西班牙还积极物色其在赤道几内亚的代言人。其中前总统弗朗西斯科·马西埃·恩圭马就是西班牙在赤道几内亚扶持的政治代表。马西埃·恩圭马对西班牙政府忠心耿耿，所以被殖民地官员倚重。正是由于殖民政府的支持，马西埃才能够得到参加公务员考试的机会，并在第四次考试时获得通过。1960年，马西埃成为大陆地区蒙戈莫市市长，并在殖民地议会中得到一个席位，成为殖民政府内职务最高的赤道几内亚人。1963年"赤道几内亚人民思想党"成立后，他先后任该党司库和总书记，开始在政党政治中崭露头角。同年，马西埃赴西班牙庆贺佛朗哥执政25周年，此行使马西埃获得了参加自治政府筹备工作的机会。从1964年1月1日开始，弗朗西斯科·马西埃·恩圭马任赤道几内亚自治政府副总理兼公共工程部部长，逐渐进入赤道几内亚政治的核心圈。

（五）立宪会议

迫于非洲民族解放运动和国际上的双重压力，西班牙当局终于同意召开一个关于赤道几内亚合法地位的会议。会议的第一阶段于1967年底至1968年初在马德里召开，赤道几内亚与西班牙代表在马德里谈判制定赤道几内亚独立宪法的问题，共有42名代表参加。会前，联合国要求对赤道几内亚全国流亡者实行大赦，西班牙被迫接受了联合国的要求，这样其中一部分流亡者来到了西班牙首都马德里参加这次会议。会上，就是否成立一个统一的赤道几内亚国家的问题，曾经流亡国外的政治力量和国内的政治力量之间分歧很大。其中，27名代表赞成建立一个统一的独立国家，即实现比奥科岛与大陆地区的统一，但另外15名代表则要求比奥科岛应以某种形式独立。会议期间，支持统一的代表成立了一个"联合秘书处"，弗朗西斯科·马西埃·恩圭马被推选为秘书处发言人。

会议的第二阶段从1968年4月一直持续到6月17日，地点仍在马德里，共有40名代表参加。经过激烈的争论，西班牙议会终于通过了宪法，决定建立一个总统制的国家，下设比奥科区和木尼河区两个地方政府。1968年7月24日，西班牙议会批准了这部宪法。

三 赤道几内亚共和国成立

（一）赤道几内亚全民公投

1968年7月9日，根据谈判的结果，西班牙政府宣布将于8月11日在赤道几内亚就统一宪法进行全民公投。国际社会也十分关注赤道几内亚的局势。7月19日，联合国大会做出决议，决定派员监督赤道几内亚的选举。8月11日投票如期进行，4天后宣布宪法公投通过。

（二）赤道几内亚选举

根据新宪法，1968年9月举行了第一次选举，其中包括总统选举、立法选举和市政选举。为了确保计票工作的正常进行，联合国派出了一个由尼日尔人阿达莫·马亚吉率领、由13名观察员组成的观察团。

其中最引人注目的是总统选举。经过磋商，四名候选人被确认参加第一轮选举，他们分别是"赤道几内亚全国联合运动"提名的博尼法西奥·翁多·埃杜，"布比联盟"提名的埃德蒙多·博西奥·迪西科，"赤道几内亚全国解放运动"提名的阿塔纳西奥·恩东·米约内和"联合秘书处"提名的弗朗西斯科·马西埃·恩圭马。

博尼法西奥·翁多·埃杜是前自治政府主席，曾传播天主教教义和担任圣·何塞·德埃比纳扬教团的临时教师，他的学生分布在各个省，为其增加了个人威望。虽然他因为土著人和宗主国公民争取平等权利与西班牙殖民主义当局发生过冲突，但其性格温和，并

不激烈反对西班牙，故仍得到西班牙的支持，尤其是得到了当时拥有权势和影响力的路易斯·卡雷罗·布兰科海军上将的支持。在选举中，他是作为"赤道几内亚全国联合运动"候选人参选的，他的主要支持者是芳族人中的天主教徒、赤道几内亚的企业家、天主教学校的教义传授者和女性选民。

埃德蒙多·博西奥·迪西科代表"布比联盟"参选。他主张将木尼河省和费尔南多波省分离，并在岛上实行自治。他主要得到可可种植园主和西班牙大庄园主的坚定支持。

阿塔纳西奥·恩东·米约内是由"赤道几内亚全国解放运动"提名的，也是这个政治组织的原书记。他在非洲和美洲流亡过很长时间，竞选基础相对脆弱。他的主要支持者是国家机关中的下级官员、职业学校和神学院的学生与教师等。

与之同时进行的还有立法选举，有几个政党的十几名候选人参加。有意思的是，这些政治组织都有竞选的标志物，如马西埃的标志物是公鸡，"布比联盟"的标志物是钟，"赤道几内亚全国联合运动"的标志物是羚羊，"赤道几内亚全国解放运动"的标志物是棕榈。

9月22日，赤道几内亚进行总统大选投票。有2/3的选民参加了投票，第一轮的计票结果是马西埃以36716张选票领先，博尼法西奥·翁多·埃杜获得31049张选票，位居第二，其余近24000张选票由其他候选人获得。① 马西埃虽得票最多，但并未取得绝对多数。因此根据赤道几内亚宪法规定，如果竞选人在第一轮未获得

---

① 〔赤道几内亚〕姆巴索戈：《我为人民而生》，许昌财译，世界知识出版社，2003，第38页。

绝对多数,那么得票最多的前两名竞选人再次竞选。

为了赢得第二轮选举的胜利,两位候选人都竭尽所能,最终马西埃成功地与"布比联盟"和"赤道几内亚全国解放运动"的两名候选人达成了协议。马西埃说服了他们支持自己,当然,作为回报马西埃也有所承诺。最终,1968年9月29日,马西埃在第二轮投票中险胜老对手——自治政府总理、赤道几内亚民族统一运动(即"赤道几内亚全国联合运动")总书记博尼法西奥·翁多·埃杜,赢得选举。据统计,马西埃获得了63310张选票,埃杜获得了40254张选票,另有537张废票。

(三)赤道几内亚共和国正式成立

1968年10月12日,赤道几内亚正式宣告独立,定国名为赤道几内亚共和国。马西埃就任赤道几内亚共和国第一任总统,并兼任武装力量总司令和国防部部长。西班牙派新闻旅游部部长曼努埃尔·弗拉加·伊里巴尔内参加了就职仪式。非洲统一组织秘书长、几内亚人迪亚略·特里出席了就职仪式。同日,西班牙新任大使胡安·杜兰·罗利加向赤道几内亚总统递交了国书。

马西埃任命埃德蒙多·博西奥·迪西科为副总统兼商业部部长,阿塔纳西奥·恩东·米约内为外交部部长,帕斯托尔·托拉赫为共和国代表大会主席。

赤道几内亚共和国的成立使赤道几内亚人民无比激奋,赤道几内亚国旗到处飘扬,整个非洲也普天同庆。赤道几内亚的独立标志着赤道几内亚人民最终战胜了殖民主义,走上了新的发展道路。

四 马西埃的独裁统治

马西埃于1968年当选为赤道几内亚第一任总统。从1968年赤

道几内亚独立到1979年奥比昂发动军事政变,马西埃执政达11年之久。1968年赤道几内亚独立前,西班牙政府以为找到了一个可以继续为自己服务的代理人,然而马西埃大权在握后,立刻成为最积极的反抗殖民主义的人。总体而言,马西埃是一位激进的非洲民族主义者,执政后实施了一系列偏左的政策。

(一)马西埃独揽大权及其偏左的对内政策

面对复杂的局势,马西埃没有妥善处理好各种问题,反而采取了过激的政策,并逐步走上独裁的道路。

1. 经济上的国有化运动

独立初期,赤道几内亚不仅国内经济困难,种族之间矛盾重重,而且面临着十分复杂艰难的国外形势。这主要表现在三个方面。第一,主要的经济来源是可可、咖啡等种植业,由于国内局势不稳定,产量连年下降,国民经济陷入崩溃状态。第二,大陆地区占全国人口多数的芳族人与比奥科岛上占全国人口少数的布比族人矛盾重重。布比族人要求取得独立地位。赤道几内亚政府的主要官员都是芳族人,布比族人受到排挤,内部政治势力趋于分裂。第三,在国际上,赤道几内亚的独立虽然得到了国际舆论的支持,但西班牙在赤道几内亚的残存势力依然强大。西班牙与赤道几内亚的控制与反控制、干涉与反干涉斗争依然存在。

赤道几内亚是一个农业国,由于长期遭受殖民统治和掠夺,经济十分落后,国内几乎没有市场商品交换活动,日常生活用品极其缺乏,电力供应更是奢侈品,偶尔出现的少量商品很快就被高价哄抢一空。赤道几内亚的农业主要是可可和咖啡种植业,大中型种植园几乎全部为西班牙人占有,而大部分农业劳工是尼日利亚人。马西埃不顾这一现实状况,大规模推行国有化运动,全面控制了外贸

第二章 历　　史

和国内市场商品的销售，驱逐了全部西班牙种植园主和45000名尼日利亚农业劳工，致使许多种植园荒芜，农作物产量大幅度滑坡。马西埃强制征发全国各地的2500名男性劳力到种植园劳动，从而导致上万人逃到周边国家。可可产量从1967年的38000吨下降到1981年的8000吨，咖啡产量由1967年的8000吨下降到1981年的150吨，从而使赤道几内亚的经济陷于极端困难的境地，失业人数急剧增加，社会出现激烈动荡，国家濒临崩溃。

2. 政治上的恐怖专政

1968年马西埃当选总统并兼任国防部部长后，为了建立独裁政权，他采取高压和恐怖手段。当选总统后，他立即以阴谋策划政变为借口杀害翁多·埃杜及其追随者，随后发动了一场反西班牙的暴力运动，迫使西班牙政府撤走所有侨民。

1969年，在赤道几内亚和西班牙之间危机加剧的背景下，发生了阿塔纳西奥·恩东·米约内政变。阿塔纳西奥·恩东·米约内在赴亚的斯亚贝巴参加非洲统一组织部长会议途中经停西班牙首都马德里，此间他与西班牙首相和有关负责人进行了秘密会晤，阿塔纳西奥·恩东·米约内请求西班牙支持其发动针对马西埃的政变。回国后，他先在木比尼争取到一些军人的支持，回到巴塔后设法扣留了内政部部长安赫尔·马歇、木尼河省省长米格尔·埃耶尔和军事办公室主任等人，并占领了总统府。马西埃事先得到消息躲藏到一处私人住宅。阿塔纳西奥·恩东·米约内原计划能够得到西班牙民防军的支持，但实际上事与愿违，政变因此很快失败，他本人也在混乱中被打死。1969年3月3日，马西埃实施紧急状态，宣布挫败了西班牙殖民主义者和阿塔纳西奥·恩东·米约内发动的政变，自己兼任外交部部长。这次事件后，马西埃借机剪除了政敌，

集所有权力于一身。

1970年7月，马西埃实行一党制，宣称为了更好地组织起来对付共同的敌人——新老殖民主义和帝国主义，解散"赤道几内亚民族解放运动"、"赤道几内亚全国联合运动"、赤道几内亚人民思想党和"布比联盟"等政党，成立全国统一党。1971年1月，赤道几内亚全国统一党第一次代表大会召开，马西埃当选全国统一党总书记。1972年7月，该党改名为全国统一劳动党，马西埃在党的第二次代表大会上被宣布为全国统一劳动党的终身主席、赤道几内亚共和国终身总统，并被授予武装部队将军衔，他宣称自己是"赤道几内亚的唯一奇迹"，同时还兼任部长会议主席、司法部部长和财政部部长。

1973年7月29日的公民投票以99.9%的支持率通过了将绝对权力集中于总统的新宪法。新宪法取代了1968年宪法，进一步巩固了马西埃的独裁体制。马西埃还大搞个人崇拜，肆意逮捕持不同政见者，滥杀自己的反对者，从而将赤道几内亚变成一座集中营，使一些国际问题专家和观察家将赤道几内亚视作"非洲的奥斯维辛集中营"。1976年，他又兼任人民武装力量部部长、国家安全部部长和人民建设部部长，1978年又兼任土地垦殖、新闻、旅游和国家宣传部部长。

3. 地区和部族政策与"维纳荣事件"

在对待地区问题和部族问题上，马西埃作为在大陆地区出生的人，采取了明显的重大陆轻岛屿的政策。他对布比族人的正当要求予以强烈压制。在他的政府中任职的官员大多为芳族人，布比族人难以获得任职机会，因此更加激化了两个部族之间的矛盾。

马西埃在赤道几内亚的独裁统治激起了赤道几内亚人民的反

抗。1976 年 7 月，前中央政府驻维纳荣地区代表安东尼奥·欧文（Andonio Owem）率众起义。马西埃对其残酷镇压，逮捕和屠杀了数以万计的起义者，欧文被迫流亡加蓬，幸免于难，此即"维纳荣事件"。

起义虽被镇压，但屠杀还在继续。这届政府的 12 位部长中有 10 位被杀。马西埃的侄子特奥多罗·奥比昂·恩圭马·姆巴索戈成为军队司令、监狱长，掌管国家安全和秘密警察，他的亲属也被安插在各个部长的位置，政府基本上成为马西埃家族统治的工具。成千上万的人被关进监狱，高级政府官员大多被杀、被捕，或者逃亡。每当马西埃出访，赤道几内亚都会处决一批政治犯，用来恐吓反对者。1976 年，赤道几内亚 114 名高级官员联名建议改善国家的孤立状况，几周后，这些官员悉数被捕，很多人从此人间蒸发。马西埃还对知识分子阶层进行系统性和针对性的杀戮与流放，而知识分子主要来自布比族。

4. 对教育、文化与宗教的控制

马西埃对知识有一种病态的仇恨。在他统治期间，赤道几内亚的所有图书馆都被关闭，报纸和杂志都不允许出版销售，甚至"知识"这个词都被禁止使用。1974 年，天主教的教会学校被迫关闭；1975 年 3 月 18 日，马西埃发布第六号总统令，取缔民办教育，从此赤道几内亚再也没有像样的学校。马西埃还试图控制宗教，要求所有的教会都要宣扬"马西埃是真正的奇迹"，都要悬挂他的画像。教会要宣讲"只有马西埃才是真神"，"神根据马西埃的要求创造了赤道几内亚"，"没有马西埃，就没有赤道几内亚"。很多赤道几内亚人因被愚弄而相信马西埃具有超人能力，巫术高强。马西埃收藏了大量的人头骨，他认为如此可以显示自己的力量；他还通过传统歌手传唱宣扬自己的超凡能力。尽管如此，马西埃还是不满意，于1974年和1975年两次禁止所有的宗教活动、葬礼，甚至禁止使用基督教的名字，基督教的祈祷也成为犯罪。

（二）马西埃政府紧张的对外关系

1. 与加蓬和尼日利亚的争端和冲突

马西埃执政后，宣称实行"非洲社会主义"[①]。同其他宣布实行"社会主义"道路的非洲国家一样，马西埃统治下的赤道几内亚与原宗主国的关系也比较紧张，而与苏联和中国等社会主义国家交往较频，在照搬中、苏社会主义建设模式的同时，对原西班牙殖民主义经济和私有制经济的改造采取了强硬的、不切实际的、急功近利的激进措施。在对外关系上，赤道几内亚奉行反帝国主义、反殖民主义与和平中立的不结盟政策，支持非洲人民的民族解放运动。在1972年1月12日的一次讲话中，马西埃强调："亚非各国应当紧密团结起来，抵制殖民主义和帝国主义强国的渗透，以使各国人民能够平等地生活，使每个国家取得平等的权利，并在没有殖民主义、帝国主义强国干涉的情况下自由选择自己的政府。"赤道几内亚独立后，马西埃政府也确实采取了一系列维护民族独立和国家主权的措施。

然而，马西埃领导下的赤道几内亚在与非洲邻国的交往中缺乏灵活性和大局观，与加蓬和尼日利亚等国产生了较大的争端和局部冲突。

[①] 第二次世界大战后，"非洲社会主义"成为流行的模式登上非洲社会舞台。非洲实行社会主义的国家由于是在条件不具备的情况下照搬别国社会主义经验模式，既缺乏无产阶级政党的领导和科学社会主义的指导，也没能全面把握社会主义的实质，因此流派纷呈的"非洲社会主义"既没有按经济规律发展生产力，也没能给广大人民带来实惠，更没改变非洲的落后面貌，80年代后期不得不先后宣布放弃这一模式。

第二章 历史

1972年，赤道几内亚同加蓬因陆海边界发生严重冲突。马西埃要求联合国安理会召开会议并发表讲话，号召生活在加蓬的芳族人脱离加蓬。后来经过当时扎伊尔［1997年改称"刚果民主共和国"，简称"刚果（金）"］总统蒙博托和刚果共和国［简称"刚果（布）"］总统恩古瓦比出面调停，冲突才稍许缓和。

赤道几内亚同另一个邻国尼日利亚的争端更为严重。两国的主要争端在于费尔南多波岛主权归属带来的领海争端，此外，尼日利亚劳工也是困扰两国的难题。在殖民主义时期，费尔南多波岛的可可园和大陆地区的咖啡园已经有很多来自尼日利亚的工人，据当时估计，这些工人加上家属有6万~7万人。西班牙种植园主撤离后，大批尼日利亚劳工大规模失业。尼日利亚政府在1975年9月中止了继续招募尼日利亚工人的劳工协议，并下令撤回劳工，还派遣商船将尼日利亚工人从马拉博运到卡拉巴。

在撤离过程中，由于有部分与尼日利亚劳工结婚的赤道几内亚人混入，赤道几内亚政府加以阻止，但尼日利亚人利用夜晚通过小船进行偷运，被赤道几内亚海上卫队发现，并引发了冲突。尼日利亚人依仗人多突破了海上卫队的拦截，并将几个士兵抓进尼日利亚驻赤道几内亚大使馆。尼日利亚人的这一行动激起了赤道几内亚民众和军队的愤怒，在马拉博发生了针对尼日利亚人的暴力行为。由于大批尼日利亚人为避免遭受无辜伤害而逃进了大使馆，大使馆的楼房不堪重负垮塌，造成11名尼日利亚人死亡，多人受伤。尼日利亚联邦共和国总统穆塔拉将军得知情况后非常愤怒，下令扣押了一艘从赤道几内亚马拉博来的航船，并以此向赤道几内亚政府施压，由此两国外交危机升级，关系更加紧张。后经刚果（金）、刚果（布）领导人调解，两国关系才逐渐缓和。

赤道几内亚

2. 与西班牙的纠纷

在处理与西班牙的关系上,马西埃强烈反对西班牙对本国事务的干涉,逐渐疏远了西班牙。他为了彻底肃清殖民主义势力,在推行国有化的前提下,没收了西班牙人的种植园和其他企业,并大举驱逐西班牙人。肃清殖民主义势力这项举措并没有错,但马西埃在处理与西班牙的关系上操之过急,缺乏必要的灵活性。

赤道几内亚独立后,西班牙希望在赤道几内亚仍保持其殖民宗主国的地位,提出在赤道几内亚境内西班牙占有的军政大楼上悬挂西班牙国旗。对此,马西埃政府不予同意,认为基于国际法和国际关系准则只能在外交大使馆和大使官邸悬挂西班牙国旗。1969年2月,马西埃正式颁布法令,实行上述规定。同时,马西埃发表了言辞激烈的演讲,大力谴责殖民者,鼓动愤怒的青年报复西班牙人。于是,大批民族主义青年组织成员被动员起来,他们封锁了西班牙的建筑物,扯下了西班牙国旗,特别是2月23日夜晚,这些人包围了西班牙总领事馆,降下了西班牙国旗。由于西班牙当时在赤道几内亚还驻扎有大量军队,因此国旗事件导致了双方武装冲突,在冲突中多人丧生。

马西埃随即下令驱逐西班牙驻赤道几内亚大使和总领事,西班牙军队则占领了马拉博和巴塔机场,上千名西班牙人通过机场撤到尼日利亚的比亚法拉等地。短短几周内,有上千名西班牙人离开赤道几内亚,留在赤道几内亚的西班牙人数从赤道几内亚从刚刚独立时的7000余名减少到2000名左右。绝大多数西班牙籍政府管理人员、教师、技工、职业技术人员,甚至商人都已经逃离,企业、种植园被遗弃。1969年4月,西班牙撤走了在赤道几内亚的驻军并中断了对赤道几内亚的援助,这对赤道几内亚的经济和社会发展产成了极大的消极影响。1971年1月,西班牙佛朗哥政权宣布中止与赤道几内亚在所有领域的合作。1973年6月,与赤道几内亚关系甚好并曾于1958年和1962年两次访问赤道几内亚的布兰科海军上将开始担任西班牙国务委员会主席,两国关系似乎出现了好转的迹象。但随着布兰科将军于1973年在西班牙"埃塔"(ETA)的恐怖主义行动中被害,这一愿望也彻底破灭。1977年3月,西班牙与赤道几内亚中断了外交关系。1978年7月,马西埃下令关闭赤道几内亚的天主教堂,并扣押了两名西班牙牧师,为此西班牙还不得不支付一笔数量可观的赎金。

3. 中断与美国的关系

由于1976年3月马西埃政府宣布美国的两名外交官为不受赤道几内亚欢迎的人,美国国务院宣布中断与赤道几内亚的外交关系。马西埃与美国等西方国家关系的普遍恶化以及闭关锁国的政策,给主要依赖西方市场和经济援助的赤道几内亚的经济带来极为不利的影响。马西埃政府这一极左的外交路线,受到国内反对派的指责。

(三) 马西埃在国际社会中的处境

国际社会密切关注赤道几内亚国内局势的发展,并谴责马西埃政府的恐怖专断政策。1979年3月,联合国人权委员会发表了一个关于赤道几内亚形势的专门报告,引起了各国政府和人民的广泛关注。在报告中,联合国人权委员会对赤道几内亚政府的独裁统治进行了强烈谴责,并要求各国断绝与赤道几内亚的经济和政治联系。联合国的倡议得到了国际社会的响应:法国撤销了对赤道几内亚的援助,中国也在马西埃访华时表示要中断对赤道几内亚的援助。至此,马西埃领导的赤道几内亚在国际上陷入孤立境地。

第四节 当代简史

一 "自由政变"

(一) 政变前局势

在马西埃统治时期,赤道几内亚的经济和政治状况全面恶化。许多以往与马西埃合作的政治家包括副总统和部长等,都成了受害者。国家的经济处于瘫痪状态,最基本的公共设施不能运转,医院缺医少药,电厂不能发电,食品严重短缺,贫困笼罩着整个国家。赤道几内亚经济发展水平大幅度倒退,到1978年,全国经济作物种植面积下降到独立时的1/4,赤道几内亚成了全非洲唯一一个无电的国家。由于政治迫害和生活困难,赤道几内亚人开始逃亡,出现了民众逃亡国外的难民潮,人数高达15万人,几乎占全国人口的1/3。这场大逃亡给赤道几内亚的政治和经济带来严重的冲击。马西埃的倒行逆施不仅激起了国内的反抗,也引起了国际社会的指责。由于在国际上处于孤立无援的境地,他的政权摇摇欲坠。

马西埃组建了由其亲信组成的自卫队,由一些忠于马西埃的政治人物领导。他还将由年轻人组成的"马西埃青少年卫队"与"人民革命自卫队"合并,担任重要职务的也是忠于他的年轻人。马西埃试图以自卫队取代常规军队,这使其与军队之间的信任关系逐步瓦解。

赤道几内亚军队的领导人是特奥多罗·奥比昂·恩圭马·姆巴索戈(Teodoro Obiang Nguema Mbasogo),他是当时军衔最高的军队指挥官。1968年10月赤道几内亚独立后,奥比昂在马西埃的提拔下，职位迅速上升。马西埃担任国防部部长后，奥比昂被任命为国防秘书长，1978年又被任命为人民武装部副部长，并同马西埃一同处理军务。

赤道几内亚的"萨拉戈萨小组"是由在萨拉戈萨军事学院学习的军官组成的。但这个组织的人并不为马西埃所信任，甚至被贴上了"亲西班牙"的标签。马西埃对其中的一些人进行了审查，并将部分人清除出军队。

政变前，赤道几内亚的自卫队和军队分成了两大派，前者忠于马西埃，后者则拥护奥比昂，认为奥比昂有能力带领国家走上法治道路，从而摆脱困境。

（二）政变过程

奥比昂首先取得了马拉博一些领导人的支持，大家均对当前的情况不满，期待改变。由于马西埃在马拉博没有亲信，其亲信主要在巴塔，经过磋商，奥比昂决定在马拉博发动政变。

政变于1979年8月3日凌晨开始，奥比昂的支持者占领了马拉博城内的战略要地，双方发生了交火，在总统府附近则发生了更为激烈的战斗，3个小时后总统府被奥比昂的支持者攻陷。政变部队（包括400多名摩洛哥雇佣军）开进首都马拉博，占领了电台、通信设施和政府机构等，并完全控制了市区。政变部队迅速控制了民兵组织和总统卫队。

马西埃的支持者在外国军事顾问的帮助下在恩萨加雍村到涅方沿线进行抵抗，双方都使用了重型武器。奥比昂从马拉博派出飞机运送军队进行增援。

政变集团以武装部队的名义通过电台发表了声明，宣布武装部队已经发动政变，推翻了马西埃政府。声明谴责马西埃实施独裁专制的暴政和治理国家的无能，导致国家面临无法生存的灾难性局面，为了拯救国家，武装部队不得不做出政变的决定。马西埃则求助于与之友好的喀麦隆总统阿希乔，但与此同时奥比昂及时向阿希乔总统通报了形势与政变的原委，使马西埃的希望落空。奥比昂给马西埃捎去口信，希望他待在家乡原地不动，但被马西埃拒绝。马西埃希望能得到来自巴塔的力量的支持以继续抵抗，但很快失败，不得不朝喀麦隆方向逃亡。由于奥比昂的支持者在通往喀麦隆方向的道路上设置了路障，马西埃及其随行人员不得不下车步行穿过丛林，在蒙戈莫县诺安吉恩村附近被当地村民发现并很快被逮捕。

奥比昂宣布成立以自己为首的革命军事委员会，接管了政权。这是一场基本上未流血的军事政变。

（三）对马西埃的处置

马西埃被捕后，奥比昂没有对他进行特赦，因为此时马西埃已经众叛亲离，并且罪大恶极，对他的特赦肯定会激怒人民。

1979年9月24~29日，由军人和文职人员组成的赤道几内亚最高军事委员会军事法庭在马拉博的象牙电影院公审前总统马西埃，指控其任内犯有大屠杀的罪行（造成5万人死亡，15万人沦为难民）。马西埃受到8万项谋杀指控，其中确认的为500项。由于赤道几内亚国内缺乏完善可靠的法律制度体系，因此邀请国际法学家委员会出庭以确保审判的公正性和正确性。法庭援引西班牙军事法律，将其作为定罪量刑的标准进行判决，最终以叛国、屠杀、破坏财产、贪污公款以及种族灭绝等罪名判处马西埃及其6名助手死刑，并立即执行。然而，如何处决马西埃成为难题，因为很多赤道几内亚人相信马西埃巫术高强，不会被打死，而且会对行刑者实行报复，因此没有人愿意行刑，最后不得不请来摩洛哥皇家卫队的士兵处决了马西埃。随着马西埃被枪决，其对赤道几内亚长达11年的残暴独裁统治也宣告结束。

马西埃被认为是后殖民时代非洲历史上最为暴戾、腐败和独裁的国家领导人之一，与臭名昭著的中非皇帝博卡萨、乌干达总统阿明、扎伊尔总统蒙博托并列为非洲四大"暴君"，因此这次推翻马西埃的政变受到世界舆论和各国政府的普遍支持和欢迎，它们纷纷发来贺电并承认新政权。1979年8月9日，西班牙正式承认赤道几内亚新政府并很快与之恢复了外交关系。

二 新政府初期的国家建设

赤道几内亚新政府成立后，必须尽快消除旧政权的影响，恢复法律秩序，建立新的国家机构，以推动国家经济社会正常运转，重新确立赤道几内亚国家在国际社会的地位，使本国的国际关系正常化。

（一）新国家机构的建立与法制建设

1. 最高军事委员会

新政府被命名为"最高军事委员会"，奥比昂被选为委员会主席，同时选出副主席和军事委员会成员。最高军事委员会的所有成员均为军人。

2. 技术委员会

为了重建国家的政治生活，吸收全社会的力量参与政治，赤道几内亚新政府在最高军事委员会下设技术委员会，它实际上是一个相当于议会和部长理事会职能的机构。

技术委员会的主要成员都是文职人员，称为"技术秘书"，级别相当于部长级和副部长级。军事委员和文职技术秘书都参加会议讨论政治、技术、经济和社会问题,并对政府的工作提出指导性意见。

此外,在技术委员会下成立了委员会,由各部门优秀的公务员组成。各部事务由委员会向最高军事委员会委员和技术秘书提出建议和意见。委员会成员的行政级别相当于司局级。

3. 乡镇委员会

乡镇委员会是国家的基层民主单位,负责基层的政治、经济和管理工作。每个县由30~70名委员组成,人数可以视各地情况适当增加。乡镇委员会的成员每三年通过秘密选举和直接方式选举产生。委员会再选出一名主席、一名副主席、一名司库和一名秘书。各部落、乡镇和家庭的传统首领是委员会的成员。

4. 《赤道几内亚基本法》

1979年,新政府成立了全国宪法起草委员会,委员会在韦莱-恩萨斯省的阿克尼贝城召开了会议。新政府邀请西班牙、法国和摩洛哥的专家参加会议,最后法国派出一人、摩洛哥派出两人参加会议,西班牙未派人参加。联合国委派两名法律专家参加了本次会议,分别是来自墨西哥大学的宪法学教授豪尔赫·马里奥·加西亚·拉瓜迪亚和来自哥斯达黎加圣何塞州立大学的宪法学教授鲁本·埃尔南德斯·巴耶。来自公共部门、经济和社会各阶层的20多名代表参加了委员会。经过一个月的起草,委员会通过了《赤道几内亚基本法》。

1982年8月15日,《赤道几内亚基本法》交由全民公决,并以80%的赞同票通过,成为赤道几内亚的新宪法。这部宪法对民族、公民资格、公民权利、政治权利和义务、宪法保障、教育和文化、社会保障、财产等都做出了规定,并对国家机构如共和国总统、国务委员会、部长理事会、人民代表院等做出了规定。

1982年9月7日,新宪法正式颁布,奥比昂作为共和国总统正式行使职责,并于10月宣誓就职,任期7年。同时,奥比昂解散最高军事委员会,结束军人统治,赤道几内亚进入第三共和国时期。

5. 立法选举与第一届全国议会

《赤道几内亚基本法》颁布以后,举行了第一次立法选举。乡镇委员会和居民委员会在立法选举中发挥了重要作用,他们选出代表与县一级代表竞选,在选举基础上诞生了第一届全国议会。1983年11月14日,第一届全国议会在马拉博象牙电影院举行了隆重的开幕式。代表任期5年,可连选连任。第一届全国议会代表共有60名,其中45名由选举产生,15名由总统任命。会议选举佛朗西斯科·博迪恩·恩卡罗为议长,维森特·奥沃诺·敏昂为第一副议长,胡利奥·诺科·艾耶为第二副议长。[①] 全国议会成立后,原来的全国最高军事委员会、技术委员会以及相应的省级机构被废除。

(二) 新政府初期的政治经济、社会和外交政策

奥比昂执政后,致力于国家稳定、民族团结和发展民族经济,采取了一系列不同于之前政权的政治、经济、社会和外交政策。新政府宣布恢复民主,保障自由,复兴经济,解散一切政党。

1. 奥比昂的施政纲领

早在1979年8月9日,奥比昂就发表了施政纲领,强调新政

---

① 〔赤道几内亚〕姆巴索戈:《我为人民而生》,许昌财译,世界知识出版社,2003,第80页。

权的首要任务是改变前总统马西埃实施的使国家陷于灭顶之灾的政策。政治上,加强民主和保证公民自由,释放政治犯;经济上,采取复苏经济的紧急措施,即实施经济自由化、鼓励私营经济的积极性、争取外国投资;外交上,在互相尊重的原则基础上同各国建立友好合作的关系,特别是希望恢复赤道几内亚与西班牙的特殊关系。

2. 政治政策

政治方面,奥比昂宣布恢复民主,保障自由,解除了对基督教的限制。① 首先,在奥比昂的主持下,赤道几内亚公审并处决了马西埃;其次,解散一切政党,禁止任何政党活动。在民族问题上,一改前政府完全由芳族人把持的局面,大胆吸收布比族人参与政权建设,并委任一名布比族人为比奥科岛省督,从而大大缓解了赤道几内亚国内的部族矛盾。

3. 经济政策

经济上,奥比昂政府着力于恢复生产,实行经济自由化政策。

为了振兴经济,赤道几内亚政府在1980年7月成立了"经济恢复计划执行委员会",允许自由经商,将过去没收的私人财产归还原主,鼓励外国种植园主以及流亡国外的知识分子返回赤道几内亚。1982年,奥比昂政府宣布实行"劳动年"计划,鼓励人民投入经济建设活动。为了恢复可可和咖啡生产,赤道几内亚政府在农村成立合作社性质的农业生产者协会,将广大农民组织起来,并向农民提供贷款。奥比昂政府还恢复传统的手工捕鱼,在国内成立了

---

① 马西埃在其统治时期曾于1974年和1975年两次禁止所有的宗教活动、葬礼,甚至禁止使用基督教的名字,基督教的祈祷也被视为犯罪。

捕鱼合作社，并鼓励外国渔业公司参与赤道几内亚的渔业生产。赤道几内亚政府还注意充分发挥赤道几内亚森林资源丰富的优点，大力发展木材加工业。20世纪90年代初期，赤道几内亚沿海发现石油后，奥比昂政府抓住机会与美国等国的石油公司合作，大力开采石油，从而使石油业成为赤道几内亚经济增长的支柱产业。

4. 对外关系

在对外关系上，奥比昂政府恢复了与西方国家的关系，特别是与法国、西班牙和美国的关系，并从这些国家获得大量援助。奥比昂呼吁流亡国外的同胞返回祖国，与新政权合作，从而为重建国家做出贡献。新政权把争取外国援助及非洲国家与大国的承认作为头等大事，认为这关系到国家的命运和新政权的巩固问题。政变后，奥比昂军政权立即与西班牙政府进行接触。1979年8月5日，奥比昂与西班牙外交代表团举行会议，就恢复两国关系和经济援助问题做出具体的安排；8月6日，西班牙政府宣布承认赤道几内亚新政权；8月16日，欧洲共同体代表团访问马拉博，讨论是否立即向赤道几内亚提供经济援助的问题。

奥比昂政府强调与中国、苏联和古巴保持友好关系，尊重所签订的协定，并向美国政府表示了恢复两国外交关系的愿望；派出代表团访问一些非洲国家，阐述赤道几内亚政权更迭的情况，希望尽快得到非洲国家的承认。

奥比昂政府积极的外交努力为赤道几内亚争取到了较为宽松的国际环境。但同时，奥比昂政府也十分注意维护赤道几内亚的国家主权，并为此同西方国家进行了艰苦的斗争。这不仅给赤道几内亚这个非洲小国带来了实际利益，而且提高了赤道几内亚在国际上的地位。

赤道几内亚

总之，1979年政变后，以奥比昂为首的新政权实施的一系列稳定社会和复苏经济的措施产生了较好的效果，赤道几内亚的经济开始好转，社会趋于稳定，流亡国外的赤道几内亚人积极返国。

三　新政府的民主化政治进程

奥比昂稳定政权后，积极稳妥地在赤道几内亚推进民主化政治进程。

（一）颁布新宪法，成立文官政府

1982年8月，赤道几内亚通过新的国家宪法（即《赤道几内亚基本法》），取消了最高军事委员会，成立文官政府。新宪法规定：赤道几内亚是一个主权、独立、民主、统一的共和制国家。1982年、1983年分别成立最高法院和人民代表院。最高军事委员会退出历史舞台，表明赤道几内亚向民主化道路迈进了一大步。

（二）政党的恢复及一党制建立

政变后初期，出于赤道几内亚国内稳定的需要，奥比昂总统颁布法令禁止政党活动。在政权逐步稳定后，有必要恢复和完善赤道几内亚的政党制度。

1985年3月，人民代表院向政府提议，在走向多党制的第一阶段成立一个政党。1987年8月，赤道几内亚成立了一个新的政党；10月，赤道几内亚解除党禁，奥比昂在马拉博宣布赤道几内亚民主党正式成立。

1988年10月，赤道几内亚民主党召开第一次全国代表大会，奥比昂当选党主席。赤道几内亚民主党选定火炬作为其象征，绿色的长方形的旗帜上有一把火炬。绿色代表赤道几内亚的大陆部分，蓝色代表海洋部分，火炬代表赤道几内亚正在燃烧的生命。总的寓意是赤道几内亚民主党应该为国家永存而战斗。至此，赤道几内亚成为一个一党制国家。

（三）一党制政党制度开始松动

20世纪80年代末90年代初，在苏联解体和东欧剧变的大背景下，国际形势发生了重大而深刻的变化，美欧西方国家开始利用其影响力在非洲国家推销其民主制度，很多非洲国家卷入所谓的"多党民主化浪潮"[①]。面对来自西方国家的巨大压力，赤道几内亚采取了谨慎的应对策略。为此，1991年8月2~6日，赤道几内亚民主党在巴塔举行第一次特别代表大会讨论政党制度改革问题。会议通过决议，决定将赤道几内亚民主进程分为三个阶段：近期，实施一切与改革体制有关的法律，在此基础上建立政党；中期，营造社会政治氛围，筹备立法选举和市政选举；后期，举行总统选举。实际上，这次会议为其他政党的建立打开了大门。

（四）开始艰难的多党制道路

随着1992年初赤道几内亚颁布《政党法》，以及较大范围的大赦令。赤道几内亚正式建立多党制。

赤道几内亚民主党与其他反对党进行了接触与和解。1992年3月，赤道几内亚外交部部长在西班牙马德里同反对党的主要领导人进行了会晤，这在赤道几内亚历史上还是首次，之后在西班牙流亡了10年的塞维罗·莫托回到了赤道几内亚。同年10月，奥比昂总统在出席利伯维尔的法语国家首脑会议时专门接见了流亡加蓬的赤道几内亚反对派代表团。

---

① 20世纪90年代冷战结束后，西方大国向非洲大力推销多党制。许多非洲国家抱着希望，将其政治与经济体制转入新轨。结果是，少数国家实现了政治过渡，大多数国家则是政局动荡，战火延绵，国家经济毁于一旦。

赤道几内亚

1993年3月18日,赤道几内亚签署全国协议,确立了在现有政党之间包括赤道几内亚民主党和反对党之间的关系准则。3月30日颁布了大赦令,释放了所有被关押的政治犯。赤道几内亚的多党制改革得到了法国的支持,而美国、西班牙以及联合国发展署和欧盟委员会的代表则持反对意见。这几个西方国家声称奥比昂推行的不是真正的民主开放,因此从政治和经济等方面支持反对派对奥比昂施压。面对西方的压力和威胁,奥比昂针锋相对,毫不妥协。他在多种场合公开指责外国"支持反对派是为了推翻现政权,达到控制赤道几内亚的目的"。为了向奥比昂施压,当时的西班牙政府中止了与赤道几内亚的所有合作项目,冻结了一切援助,但奥比昂说:"赤道几内亚是一个主权国家,没有国家的尊严,还谈什么民主?"

1993年11月21日,赤道几内亚举行全国议会选举,15个合法政党中的8个政党参加了选举;12月13日,第三届人民代表院组成,民主党在80个议席中占了68席。政府同反对党经过政治对话就国内政治生活准则等达成了协议。

从赤道几内亚多党制的发展历程来看,赤道几内亚基本从自身的国情出发,并不盲从西方,对民主化的发展持审慎态度。奥比昂总统在1996年谈到赤道几内亚的民主改革与西方的干涉时说:"不管我们怎么做,他们(西方)都不会满意。我们不实行多党制,他们就断绝援助,我们实行了多党制,他们还是说三道四,认为不符合他们的要求,在经济上仍然对我们进行封锁,因此,赤道几内亚只能走具有自己特色的'民主化道路'。"他明确提出:"没有稳定,就没有真正的民主,民主化的推进必须以稳定和国家的统一为前提。"

第二章 历 史　Equatorial Guinea

从整个国际形势看，当年向非洲大力"推销"多党制时，由富国主导的国际金融机构和西方国家十分"慷慨"。它们说，只要你们遵守"透明、公正、民主"的竞选规则，我们就给予援助。有的西方国家则直接表明以后将以"民主化的程度"来决定援助谁及援助多少。但经过多年实践，非洲国家因多党制勾起历史旧账，激化部族、宗教和政党矛盾，相互之间争斗不休，有时一年内会发生好几次政变。这样的多党制改革往往使非洲国家陷入政治混乱的局面。赤道几内亚对多党制的谨慎态度和有序推进民主化的方式，是其国内政治发展较为稳定的重要原因。

（五）打击非法政党活动与粉碎政变阴谋

奥比昂执政期间，赤道几内亚发生了数次政变，这些政变势力与地方分裂势力和西方敌对力量勾结，妄图通过组织非法的政党组织来实现其政治野心。1998年1月，赤道几内亚政府粉碎了非法的"比奥科岛自治运动"[①] 武装分裂分子发起的袭击政府军事件，并采取强化治安、加强军队装备等措施，保持了政局的基本稳定。为改善政府形象，奥比昂总统解散政府，组成过渡政府并成立直属总统府的全国反腐败机构。此外，政府还采取了提高军人和公务员工资、加强基础设施建设等举措。

2002年3月，赤道几内亚安全部门粉碎了一起由非法政党伙同前政要和退役军官策划的政变阴谋。5月，法院对这起未遂政变的策划者和参与者进行公审和判决。

---

① 比奥科岛自治运动，也称比奥科岛自决运动（Movimiento para la Autodeterminación de la Isla de Bioko）是赤道几内亚非法党派，主张比奥科岛与赤道几内亚大陆部分分离，得到布比族人首领和大多数布比族人的支持，2004年3月，其主要领导人之一奇坎波（Weje Chicampo）遭到袭击，身受重伤。

赤道几内亚

2004年3月,赤道几内亚宣布挫败了一起旨在推翻奥比昂的政变图谋,涉及美国、英国、西班牙等国,英国前首相撒切尔夫人的独子马克·撒切尔也牵涉其中。不久,在赤道几内亚有15人被逮捕。一架飞往津巴布韦首都哈拉雷的飞机,被津巴布韦政府扣留。津巴布韦政府宣布,这架降落在哈拉雷的飞机里载着参加赤道几内亚政变的白人雇佣兵。奥比昂指控数个西方政府意图推翻他的政府,从而让反对派领袖塞韦罗·莫托·恩萨接替他的职务。而尼克·杜·托伊特这个被赤道几内亚媒体认为是雇佣兵头子的人声称,他并没有杀死奥比昂的打算,只想逼他下台流亡。随后,赤道几内亚向还在英国的马克·撒切尔发出国际通缉令。2005年1月,马克·撒切尔在南非认罪,被判4年缓刑监禁,罚款26.6万英镑。2008年7月,组织、策划2004年赤道几内亚政变的雇佣兵首领、英国空军特种部队前成员西蒙·曼恩和其他涉嫌参与政变的雇佣兵在赤道几内亚首都马拉博接受庭审,并被判处34年零4个月监禁。在审判期间,曼恩承认2004年的政变阴谋是一个"官方行动",受到西班牙和南非政府的支持,并与美国有关。

(六)赤道几内亚民主党一党独大

多党制建立之后,奥比昂领导的赤道几内亚民主党在历次全国议会和总统选举中均获得胜利,实际上仍旧是奥比昂威权统治和民主党一党独大。

1999年3月,赤道几内亚顺利举行第二次多党议会选举,民主党获得议会80个议席中的75席;7月,成立新政府。2000年初,政府加大打击腐败力度,对各级司法机关工作进行大规模检查,免去最高法院院长、宪法法院院长、国家监察长等职务,对司

第二章 历 史　Equatorial Guinea

法队伍进行彻底改组；6月，赤道几内亚第二届市政选举结果揭晓，全国30个市的市长和230名市政委员（全国共有244名市政委员）均由民主党人担任。

2001年2月，奥比昂改组政府，任命坎迪多·穆阿特特马·里瓦斯为总理，并吸收了社会民主人民联盟党等五个反对党的主要领导人入阁。坎迪多政府继续推行维护稳定、提高人民生活水平的政策。同年7月14日，民主党举行第三次全国代表大会，会议选举奥比昂为党主席并一致推举其为该党2003年总统选举候选人。各政党围绕总统选举展开政治较量。

2003年8月，政府与13个政治党派举行协商会议，决定将人民代表院议员席位由80个增加到100个，以扩大其他政党的参政规模。第五届人民代表院于2004年4月25日由选举产生，民主党与7个政党组成的竞选联盟获得100个议席中的98席。第六届人民代表院于2008年5月4日经选举产生，民主党又以绝对优势胜选。

奥比昂则在2002年、2009年的总统选举中连任。他继续奉行民族和解和政治多元化政策，改组内阁，惩治腐败，整顿吏治，加快基础设施建设，扩大农业、教育和医疗投入使赤道几内亚政局总体上保持稳定。2011年11月，赤道几内亚举行全民公投，通过了以限制总统任期、设立副总统职位和参议院等为主要内容的宪法改革方案。2012年2月，奥比昂正式签署法令颁布新宪法；5月，赤道几内亚政府内阁进行大幅调整，设立副总统和第二副总统职位，并吸收反对党入阁。2013年5月26日，举行议会和市政选举，执政的民主党领导的竞选联盟以绝对优势赢得选举；9月，奥比昂总统再次对内阁进行部分调整。

第五节 主要历史人物

一 弗朗西斯科·马西埃·恩圭马

赤道几内亚前总统。1924年1月1日出生于大陆地区的韦莱-恩萨斯省蒙戈莫县的一个富有家庭。1933~1944年，马西埃先后在当地的蒙戈莫小学和巴塔中学读书。中学毕业后，马西埃开始在当地的地方政府中任低级官员，这为他以后的发展积累了行政经验。由于他做事认真，深得西班牙当局的赏识，1962年，马西埃被提拔为蒙戈莫市市长和公共工程部顾问，开始登上政治舞台。1967~1968年初，马西埃参与了同西班牙当局在马德里的关于制定宪法的谈判，并在谈判中脱颖而出，担任"联合秘书处"发言人。在西班牙宣布将就赤道几内亚独立宪法进行公投后，为了反对西班牙当局对选举的干涉，1968年7月17日，马西埃参加在纽约召开的联合国"非殖民化会议"，并在会上控诉了西班牙对赤道几内亚的新殖民控制。1968年，赤道几内亚在通过独立宪法后进行总统选举，马西埃以微弱多数击败对手翁多·埃杜而当选赤道几内亚第一届总统。赤道几内亚独立后，马西埃兼任国防部部长。马西埃执政期间实行独裁统治，压制反对势力，排挤布比族人，并对其进行了血腥镇压。1979年8月3日，马西埃政权被奥比昂发动的军事政变推翻。1979年10月1日，马西埃被公审判处死刑并立即执行。

二 博尼法西奥·翁多·埃杜

赤道几内亚前自治政府前主席，赤道几内亚独立前后重要政党

"赤道几内亚全国联合运动"总书记。他曾传播天主教教义，担任过圣·何塞·德埃比纳扬教团的临时教师，在赤道几内亚具有较高的个人威望。政治上，他得到西班牙的支持，尤其是得到当时拥有权势和影响的路易斯·卡雷罗·布兰科海军上将的支持。

1968年，博尼法西奥·翁多·埃杜作为"赤道几内亚全国联合运动"提名的总统候选人，参加了赤道几内亚第一次全国总统大选。他的主要支持者是芳族人中的天主教徒、赤道几内亚的企业家、天主教学校的教义传授者和女性选民。经过两轮选举，他惜败于对手马西埃。总统选举结束后不久，翁多·埃杜及其追随者被马西埃以阴谋策划政变为借口杀害。

第三章
政　治

赤道几内亚是一个独立、民主和统一的单一制国家，实行总统共和制。主要的国家机构有国家元首、行政机关（政府）、立法机构（人民代表院）和司法机关（最高法院和总检察院）。赤道几内亚实行多党制，民主党优势明显，长期掌握政权。武装力量由正规军和准军事部队组成，人数不多，军队装备不足且陈旧落后，重视发展与外国的军事关系。

第一节　国体与政体

一　国家性质与形式

根据1982年通过的宪法，赤道几内亚实行共和制，是一个独立、民主和统一的国家。赤道几内亚是一个单一制国家，中央对地方的管理主要以行政手段为主，包括中央政府设立主管地方政府事务的专门机构，或通过制定各种行政性条例、规章来规范地方政府行为，或者通过干预地方人事安排来影响地方政府。赤道几内亚总统通过直接选举产生，在国家政治中处于权力核心地位。赤道几内亚从1991年开始实行多党制，各个党派可以提名候选人参加总统

大选，也可以通过参加议会选举来赢得议会席位。获得议会席位多数的政党有权单独或联合其他党政组织政府。政府总理由议会最大党推荐人选担任，由总统任命。

二　政府体制

赤道几内亚实行总统制，总统作为国家元首，掌握着国家最高权力，由选民或选民代表直接选举产生，对选民负责，并按照宪法的规定行使其职权，负责主持部长会议，行使最高行政决策权，有权解散和改组政府。

总理是政府首脑，由总统任命，并提名各部部长，经总统任命后组成政府。总理领导政府，处理日常行政事务，负责国防，确保法律的执行。内阁由总理、国务部部长、各部部长、部长级代表和国务秘书，政府从属于总统。

赤道几内亚自实行多党制以来，总统与总理一直由民主党人担任，总理在行政上和党内的地位事实上低于总统。虽然总理是由议会中最大党推荐人选担任，但实际上由总统提名并任命，故不可能对总统权力构成挑战。

赤道几内亚政府与立法机关的实际关系可以概括如下：一是政府必须定期向议会报告工作，接受议会的监督；二是若议会中占多数席位的政党或政党联盟是执政党，则执政党领袖是政府首脑，政府成员同时也是议会议员，此时议会与政府是一致的；三是政府把行政权力集中于自己手中后，事实上已形成对议会的控制。

三　宪法

1967年底1968年初，赤道几内亚与西班牙代表在马德里谈判制定独立宪法。1968年8月11日,赤道几内亚就独立宪法进行了全民公决并得以通过。独立宪法的诞生标志着赤道几内亚独立,明确了赤道几内亚是一个主权独立的共和国。1979年奥比昂执政后,着手制定新的宪法。1982年6月,新宪法经全体公民投票获得通过并于8月颁布实行。新宪法规定,赤道几内亚实行共和制,是一个独立、民主、统一的国家,实行立法、司法、行政三权分立。其最高准则是:尊重个人及其尊严、自由和基本权利;保护家庭和劳动;促进国家经济、社会和文化发展,以实现团结、自由、正义的理想。国家通过总统、国务委员会、部长会议、人民代表院、法院、国家经济与社会发展委员会以及其他依据宪法成立的机构行使职能。1991年11月,《宪法修正草案》经全体公民投票通过,并于1995年1月和2011年11月被两次修订。

第二节 国家机构

一 国家元首

(一) 国家元首制度

根据宪法规定,共和国总统为国家元首,是全国武装力量和国家保安部队的最高统帅。总统象征民族团结并代表国家,由全民直接选举产生,任期7年,可连选连任。若总统因病或亡故无法继续履行职责,由议会选出一个八人委员会,再从八人中推举其中一人任临时总统。

(二) 现任国家元首

奥比昂是赤道几内亚现任国家元首,同时兼任民主党主席和武装部队总司令。

奥比昂于1942年生于大陆地区蒙戈莫县,芳族人。1963年考取国土警卫队士官生,同年9月赴西班牙报考萨拉戈萨军事学院,以机智和优异的成绩被录取。在军校期间,他勤于求知,如痴如狂,很受教师的赏识,成绩也名列前茅。1965年学习期满后,他返回赤道几内亚。1969年赤道几内亚独立后,27岁的奥比昂被任命为首都所在地即今比奥科的驻军司令。此后他步步高升,先后任国防部供应和计划局局长、国务秘书、副部长,并被授予中校军衔。1979年8月3日发动军事政变,任最高军事委员会主席;10月任国家元首和政府首脑。1980年2月晋升上校。1982年宪法颁布后于该年8月就任总统。1986年10月晋升准将,12月创建赤道几内亚民主党并任党主席。1999年8月晋升上将。1989年6月、1996年2月、2002年11月、2009年12月四次连任总统。

二 政府

（一）政府结构形式

赤道几内亚是一个单一制国家,其政府机构分为中央政府和各级地方政府。赤道几内亚中央政府与地方政府权限划分主要涉及政治和行政两大领域。政治领域的划分主要表现为立法权力的划分。行政领域的权限划分表现为国家对社会公共事务管理方面的权限划分,即谁负责对这些社会公共事务的管理做出决定,谁负责执行决定和进行管理。一般来说,社会公共事务可分为三类:第一类是与国家整体利益相关的事务,这类事务必须作为一个整体来考虑,权限属于中央;第二类是只与当地居民利益有关的事务,这类事务则由地方决定和管理;第三类是与国家整体利益有关但必须在地方执行、实施的事务,其权限既可归属中央也可归属地方。

赤道几内亚中央政府对地方政府进行控制的作用有四:一是确保地方政府权力行使符合中央政府的预期目标和规范;二是促进地方政府更好地行使其权限;三是有效地防止地方政府的不当行为,起到防护作用;四是可以通过惩戒促使地方政府正确地行使权限。

(二) 中央政府

本届中央政府于 2010 年 1 月组成,并于 2012 年 5 月和 2013 年 9 月进行了调整。成员除总统外,还包括两位副总统、正副总理以及 27 位部长(见表 3-1)。

表 3-1 赤道几内亚中央政府构成

职位	姓名
副总统	伊格纳西奥·米拉姆·唐(Ignacio Milam Tang)
第二副总统	特奥多罗·恩圭马·奥比昂·曼戈(Teodoro Nguema Obiang Mangue)
总理	文森特·埃阿特·托米(Vicente Ehate Tomi)
第一副总理兼内政和地方机构部部长	克莱门特·恩贡加·恩圭马·翁圭内(Clemente Engonga Nguema Onguene)
第二副总理兼教育与科技部部长	卢卡斯·恩圭马·埃索诺·姆邦(Lucas Nguema Esono Mbang)
第三副总理	阿方索·恩苏埃·莫库伊(Alfonso Nsue Mokuy)
总统使命部部长	亚历杭德罗·埃武纳·奥沃诺·阿桑戈诺(Alejandro Evuna Owono Asangono)
总统内阁部部长	布劳略·恩科戈·阿贝格(Braulio Neogo Abegue)
总理府议会关系和法律事务国务部部长	安赫尔·马西埃·米布伊(Angel Masie Mibuy)
总理府地区一体化部部长	巴尔塔萨·恩贡加·埃德霍(Baltasar Engonga Edjo)
总理府艾滋病与传染性疾病防治部部长	托马斯·梅切巴·费尔南德斯·加利莱亚(Tomás Mecheba Fernández Galilea)

续表

职位	姓名
司法、宗教和惩戒机构部部长	埃万赫利娜·菲洛梅娜·奥约·埃布拉（Evangelina Filomena Oyo Ebula）
总理府部长级秘书长	福斯蒂诺·恩东·埃索诺·埃扬（Faustino Ndong Esono Eyang）
国防部部长	安东尼奥·姆巴·恩圭马（Antonio Mba Nguema）
外交和合作部部长	阿加皮托·姆巴·莫库伊（Agapito Mba Mokuy）
贸易和企业促进部部长	塞莱斯蒂诺·博尼法西奥·巴卡莱·奥比昂（Celestino Bonifacio Bakale Obiang）
财政和预算部部长	马塞利诺·奥沃诺·埃杜（Marcelino Owono Edu）
公共工程和基础设施部部长	胡安·恩科·姆布拉（Juan Nko Mbula）
矿业、工业和能源部部长	加夫列尔·姆贝加·奥比昂·利马（Gabriel Mbega Obiang Lima）

（三）地方政府

赤道几内亚设立地方政府，一是对所管辖区域进行有效的统治和管理，谋求该区域的社会稳定与发展，进而确保整个国家的稳定；二是承担对地方社会事务的管理；三是按中央政府的要求向公众提供私人性社会服务。

赤道几内亚的地方政府包括省和市、县两级。全国共有7个省级地方政府。各个省均成立有议会。7个省级政府下设17个县政府和9个市政府，也分别设有县级和市级议会。

三 立法机构与司法机关

（一）立法机构

赤道几内亚议会也称人民代表院，是国家最高立法机关，其常设机构是立法常设委员会，由代表院主席团组成，包括议长、副议长、总统府负责同代表院联系的部长和议员。人民代表院每年3月和9月举行两次全会。议员任期5年，可以连选连任。1991年8月，赤道几内亚开始实行多党制改革。1992年，颁布"政党法"，正式实行多党制。1993年11月举行首次多党议会选举。以奥比昂为首的民主党在有8个反对党参加的议会大选中获胜，取得议会80个席位中的68席。1999年3月，举行第二次多党议会选举，执政的民主党在80个议席中占75席，人民联盟党4席，争取社会民主联盟党1席。

2011年11月，新宪法将议会分为参议院和众议院。参议院议员70名，其中55名由直接选举产生，15名由总统任命，任期5年；众议院议员100名，由直接选举产生，任期5年。2013年5月26日举行议会和市政选举，执政的民主党领导的竞选联盟以绝对优势赢得选举，获54个参议院席位、99个众议院席位和327个市政议员席位。反对党争取社会民主联盟党赢得参、众两院各1席及5个市政议员席位。2013年7月，首届参议院、众议院成立，玛利亚·特雷莎·埃弗阿·阿桑戈诺和高登西奥·穆哈巴·梅苏分别当选参议院、众议院议长。

（二）司法机关

由最高法院、总检察院、上诉法院、初审法庭、市镇法庭以及最高军事法庭组成。最高法院是全国最高审判机关，下辖民事法庭、刑事法庭、行政法庭和习惯法法庭。总检察院为国家法律监督机关和国务委员会的咨询机构。现任最高法院院长为马丁·恩东·恩苏埃（Martín Ndong Nsue）。现任总检察长为卡洛斯·曼格·埃卢库（Carlos Mangue Eluku）。

第三节 政党和团体

一 政党

1991年8月，赤道几内亚实行多党制，1993年11月举行首次

多党议会选举，此后进行了多次议会选举。截至 2016 年，赤道几内亚共有 13 个合法政党。

赤道几内亚民主党（Partido Democrático De Guinea Ecuatorial）执政党，于 1986 年 12 月 23 日赤道几内亚宣布解除党禁后成立。主席为奥比昂，奥古斯丁·恩塞·恩福穆（Agustín Nze Nfumu）担任总书记。民主党的宗旨是民主、发展与福利。根据赤道几内亚总统第七号法令，民主党是一个具有民主性质的政治组织，有权推荐总统和议长等候选人，只有党员才有资格被推荐为各级民选机构负责人。凡志愿参加国家重建任务的赤道几内亚公民都可以加入民主党。民主党是赤道几内亚第一大党，党员有 9 万多人，在议会中占绝大多数。1988 年 10 月民主党召开第一次代表大会，奥比昂当选党的正式主席。

自实行多党制以来，因为实行了成功的选举策略，民主党在两次总统选举和两次议会选举中都大获全胜。这些策略包括：第一，提前举行大选，打乱反对党的联合计划。如 1996 年的总统选举中，奥比昂的任期应到当年的 6 月 25 日，但他在 1 月 11 日宣布，为了加快赤道几内亚的民主化进程，他将"牺牲"他的部分任期，提前举行大选。实际上，他的决定是在反对党还没有准备充分的情况下做出的，而且宣布大选与举行大选的时间间隔仅有 46 天，使反对党无力统一步调联合竞选，未能推举候选人。第二，民主党内部统一思想，集体投票。为保证奥比昂蝉联总统，在 1996 年和 2002 年的总统大选中，民主党人都被要求集体投票和公开投票，即民主党党员在投票时须当众将支持奥比昂的选票投进票箱，持有不同政见的人可以先行退党。第三，分化反对党。在 2002 年的大选中，民主党主席奥比昂充分利用反对党的内部矛盾，团结温和党，孤立打击激进党，并挫败政变，强调国内的稳定和经济发展的重要性，结果赢得了温和党领导人的支持。第四，借助国际支持，在1996年和2002年大选期间，民主党都注意借助美国抗衡西班牙，在国际上获得了广泛的支持。

社会民主人民联盟党（Convergencia Social Democratica Popular） 于1992年成立，主张自由民主，主席为塞昆迪诺·奥约诺·阿沃·阿达（Segundino Oyono Awong Ada）。

民主社会联盟（Union Democratica Social） 1991年成立于葡萄牙，总书记为卡梅洛·莫杜·阿库塞·宾当（Carmelo Modu Akuse Bindang）。

此外，还有自由党（Partido Liberal）、自由民主大会党（Convencion Liberal Democratica）、赤道几内亚社会主义党（Partido Socialista De Guinea Ecuatorial）、赤道几内亚人民行动党（Accion Popular De Guinea Ecuatorial）、争取民主社会联盟党（Convergencia Para La Democracia Social）以及社会民主党（Partido Social Democrata）等。

二 社会团体

赤道几内亚的社会发展水平不高，社会团体较少，在国家政治生活中发挥的作用也极为有限。

第四节 军事

一 国防体制和军费开支

总统任武装部队总司令兼国防部部长。武装力量由正规军和准军事部队组成。正规军分为陆、海、空三个军种。准军事部队为民防队和海岸警备队。赤道几内亚实行志愿兵役制，每年军费开支约为200万美元。奥比昂总统现为武装部队总司令。

二　总兵力

正规军3000余人，其中陆军3个营，海军1个营，空军1个连。准军事部队中的民防队有2个连，海岸警备队有1个连。

三　军队装备

军队装备不足且陈旧落后，主要军队装备有：装甲车16辆，海军各型舰艇4艘，空军各型飞机5架，近海巡逻快艇1艘。

为了充实提升海军装备水平，赤道几内亚于2004年9月向以色列购买了一艘巡逻艇，在2005年8月向以色列购买了两艘高性能的海岸巡逻艇。

四　对外军事关系

赤道几内亚的对外军事关系主要有两个方面：一是接受其他国家的军事援助；二是积极参与本地区的军事合作，包括参加中非国家经济共同体成员国的联合军事行动。

2004年6月21~26日，中非国家经济共同体成员国在加蓬东南重镇弗朗斯维尔地区举行了代号为"比永果2003"的联合维和军事演习，赤道几内亚军队参加了此次演习。

2009年11月15日，赤道几内亚、加蓬和喀麦隆在几内亚湾举行了联合军事演习，共同应对日益严重的海盗行径和保护几内亚湾水域的安全，三国海岸警卫队也参加了军演。此前，海盗经常出没几内亚湾水域，如 2009 年 8 月中旬，一艘乌克兰油轮就在此地被海盗劫持。

2015 年 7 月 28 日俄罗斯海军总司令维克托·奇尔科夫访问赤道几内亚时，两国签署了俄海军舰艇进港简化程序的政府间军事协定。

在与中国关系顺利发展的同时，赤道几内亚同中国的军事关系也得到了令人满意的发展。中国军队对发展两军友好合作关系持积极态度，愿继续发展两军在各个领域的交往与合作。赤道几内亚坚持一个中国的原则，重视同中国的军事合作，两国在许多双边、多边问题上也有着一致的看法，希望两国、两军的友好合作关系能进一步发展。赤道几内亚国防部部长级代表埃本登·恩索莫应中国国防部邀请于 2004 年 6 月 13 日对中国进行了为期 5 天的访问。

第四章

经　　济

赤道几内亚原属于传统的农业国，20世纪90年代以来，石油的发现、开采和大规模出口，推动了赤道几内亚经济的发展和财政状况的改善，国际收支状况趋于良好。目前赤道几内亚的经济支柱是石油天然气工业，而农林渔牧业的发展则较缓慢。近年来，交通条件改善，旅游业发展前景较好。

第一节　发展概述

由于属于传统的农业国，赤道几内亚殖民地化的单一经济特征明显，经济长期困难，为世界上最不发达的国家之一。奥比昂上台执政初期，开始实施经济调整计划，实行经济自由化，鼓励私人和外国投资，经济得到一定程度的发展，但国家经济状况没有根本性改观，依靠可可、咖啡和木材出口创汇的经济结构仍未改变。20世纪90年代以来，随着石油的发现、开采和大规模出口，经济犹如插上了腾飞的翅膀，发展迅猛，国家财政状况大为改善，国际收支状况良好，经济改革和建设取得了巨大成就，赤道几内亚由此成为世界上经济增长速度最快的国家之一，成为中西非一个富有的国家，享有"中非科威特"之美称。由于对油气资源出口过于依赖，赤道几内亚经济易受到国际能源价格波动的影响。特别是 2015 年以来，受国际市场原油价格下降的冲击，赤道几内亚的经济形势急剧恶化。2015 年，赤道几内亚的出口和财政收入降幅都超过 50%，已陷入经济衰退境地。据国际货币基金组织（IMF）等机构预测，到 2019 年赤道几内亚经济形势才会有所好转。

一　独立前的殖民经济状况

1968 年独立前，赤道几内亚经济完全殖民地化，所有经济部门都被外国人和外国资本控制，西班牙人在赤道几内亚拥有众多的大种植园和大片的土地，控制着本来就为数不多的银行、工矿业、交通、商业和进出口，基本垄断了赤道几内亚主要经济作物如可可、咖啡等的生产和出口。赤道几内亚的经济命脉几乎全部掌握在西班牙这个老牌的殖民国家手里，成为西班牙垄断资产阶级的原料供应地及商品销售市场。

为满足本国的需要，西班牙实行掠夺性开发，造成赤道几内亚经济结构单一和畸形，生产力异常落后，人们生活陷于贫穷、饥饿之中。赤道几内亚人为了生存，不得不从事原始农业，以人工捕鱼这一落后方式获取食物。

尽管如此，赤道几内亚的民族资本和民族产业还是艰难而缓慢地发展起来。到独立时，在马拉博及其他大城市，糖厂、鱼罐头厂、瓦厂、轻金属厂、印刷厂和木材加工厂等开始出现并有所发展，但就整体而言，发展水平仍然很低。

二　独立初期的经济状况

1968 年独立后，为发展民族经济，摆脱对外依赖，马西埃政府

第四章 经 济

采取了一系列措施，如创办本国银行，发行本国货币，控制外汇储备，实行外贸管制，由国家统一收购和出口可可、咖啡等主要产品，对外商进口一律实行政府审批制，向农民发放贷款，鼓励发展企业，禁止滥伐成材林，保护森林资源和海洋渔业资源，严格税收制度等。但与此同时，政府又实行土地公有化和种植园公有化等过激的做法，造成资金、技术人才的外流和劳动力的不足，许多种植园被废弃，可可、咖啡大幅减产，财政收入锐减，国内市场萧条，物价上涨，人民生活水平下降，国家经济基本陷入瘫痪状态。独立前，可可的平均产量为3万~4万吨，咖啡为6万~8万吨；独立后，因西班牙种植园主撤离和尼日利亚籍劳工回国，1970年可可和咖啡的产量均下滑至1.2万吨。

三 奥比昂执政以来的经济发展

（一）新政府的经济政策

马西埃执政期间所采取的过激政策，导致了国家经济的倒退。1979年奥比昂就任总统后，面对经济瘫痪的困难局面，逐步纠正前政府的极端做法，切实调整经济政策，主要做法包括：推行市场混合经济，鼓励私人经营，制定保障贸易和外国投资自由的法规，实行对外开放。同时，政府还颁布新的"投资法"，实行国有企业和农场私有化，加入中非关税和经济同盟和中非法郎区①，积极寻

---

① 中非法郎区目前包括西非经济货币联盟的8个成员（贝宁、布基纳法索、科特迪瓦、几内亚比绍、马里、尼日尔、塞内加尔及多哥）与中非经济与货币共同体的6个成员［喀麦隆、中非、刚果（布）、加蓬、赤道几内亚、乍得］以及科摩罗。法国银行和西非有关各国银行是西非法郎的共同发行部门。非洲金融共同体法郎（FCFA）又称"非洲法国殖民地法郎"（Colonies françaises d'Afrique），1945年12月26日科摩罗岛和非洲法国殖民地货币诞生。1958年9月，几内亚退出。货币名称的简写未变，但货币改换了名称。人们称FCFA为"非洲法属共同体法郎"（Communauté française d'Afrique）。非洲各国相继独立后，出现了两个法郎区，在西非经济货币联盟内部，人们称FCFA为"非洲金融共同体法郎"；而在中非中央银行各成员国国内，人们称FCFA为"中部非洲金融合作法郎"。

求国际援助，并同债权国就债务偿还进行谈判，减轻国家外债负担，缓解还债压力等。通过上述措施，国家经济困难有所缓解，市场商品有所增加，人民生活水平有所改善，但是整体上看国家经济仍很困难，财政赤字仍然巨大，外债负担沉重。

（二）20世纪90年代的经济情况

1. 经济快速发展

1987年，赤道几内亚政府开始实施经济结构调整计划。1991年在第一首都马拉博附近的海域发现高产油田并开始开发后，经济出现转机。1992年初，开始出口石油，国家收入增加。石油、经济作物、木材和侨汇等成为国民经济的主要支柱。1993年，石油和木材收入从1992年的49亿中非法郎增至80亿中非法郎[①]，国家经常性项目收支多年来第一次实现基本平衡。但基于外援减少、可可与咖啡生产锐减等原因，赤道几内亚经济依然困难。1994年，中非法郎的贬值使赤道几内亚经济发展受到严重冲击，国家预算赤字扩大，物价上涨近50%。为应对这一困难局面，1996年赤道几内亚政府提出以农业为基础、石油为重点，促进木材加工工业发展的经济政策。1997年9月，赤道几内亚政府制定了《经济中期发展战略（1997～2001年）》，此后采取了扩大石油开采、增加信贷投放量、提高可可收购价格、降低生产资料零售价格等一系列刺激经济发展的措施，以促进经济增长。据非洲开发银行《1999年发展报告》，1980～1990年，赤道几内亚国内生产总值的年均增长率

---

① 中非法郎即中非金融合作法郎（Central African CFA franc），是中非法郎的一种，为中非经济共同体国家银行发行的一种货币，国际标准化组织（ISO）的货币代码是 XAF。中非法郎是赤道几内亚、刚果共和国、加蓬、喀麦隆、乍得、中非共和国六国的官方货币。中非法郎与欧元之间为固定汇率，1欧元可兑换655.957中非法郎。中非法郎与美元之间的汇率随欧元的行情上下浮动。

为3.1%，1991~1998年达到17.7%，而在这一系列经济刺激政策下，1997~2001年经济年均增长率达41.6%。

由于国际市场石油和木材价格持续下跌，1998年赤道几内亚的国内生产总值低于1997年，仅为3.21亿美元，下降了34%。1997年，赤道几内亚人均年收入为1050美元。1997~2004年，赤道几内亚年均经济增长率达31.9%，仍是当时经济增长最快的非洲国家之一。

1985~1993年，赤道几内亚国内生产总值年均增长3.7%，人均国民生产总值年均增长1.5%。20世纪90年代后期，在伊拉克战争和其他因素的共同作用下，石油价格不断上升，赤道几内亚的石油出口进一步增加，石油和天然气工业发展迅猛，经济增长强劲。1993年，赤道几内亚国内生产总值为1.62亿美元，1996年达到2.70亿美元，1997年为5.43亿美元，1999年为5.56亿美元。人均国内生产总值1993年为631美元，1997~1999年分别高达1234美元、1152美元、1203美元。赤道几内亚终于脱离最不发达国家队伍，成为中非地区一颗耀眼的新星。

2. 产业结构指标

在产业结构方面，自20世纪80年代起，赤道几内亚政府重视并不断进行产业结构调整，改变传统的以农业生产尤其是以可可和咖啡生产为主的经济格局，以实现国家经济的可持续性发展。自20世纪90年代以来，赤道几内亚的产业结构发生相当大的变化，各个产业在国民经济中的地位发生了明显的改变：作为第一产业的农业的地位相对下降；以石油化工、能源和水、建筑等为主的第二产业异军突起；在国民经济中居于主导和支配性地位；以贸易、交通、通信、金融为主的第三产业也有所发展。总的来说，第一产业

基础，第二产业是支柱，第三产业是补充。1993年以来，第一产业发展平稳，1993～1999年的产值分别为204.62亿中非法郎、244.51亿中非法郎、419.05亿中非法郎、518.09亿中非法郎、817.54亿中非法郎、531.83亿中非法郎和646.22亿中非法郎。同一时期，第二产业的产值分别为120.84亿中非法郎、199.26亿中非法郎、225.28亿中非法郎、685.24亿中非法郎、2233.95亿中非法郎、2255.03亿中非法郎和2181.76亿中非法郎，已成为国民经济的支柱产业，对经济的发展起着决定性作用。同一时期，第三产业的产值分别为11.78亿中非法郎、122.53亿中非法郎、130.22亿中非法郎、155.28亿中非法郎、177.86亿中非法郎、229.15亿中非法郎和251.67亿中非法郎。第一产业在经济中的比重由1993年的45%降至1999年的21%；第二产业则由1993年的26%跃升至1999年的70%（见表4-1、4-2）。

表4-1 1993～1999年赤道几内亚三大产业产值

单位：亿中非法郎

产业	1993年	1994年	1995年	1996年	1997年	1998年	1999年
第一产业	204.62	244.51	419.05	518.09	817.54	531.83	646.22
第二产业	120.84	199.26	225.28	685.24	2233.95	2255.03	2181.76
第三产业	11.78	122.53	130.22	155.28	177.86	229.15	251.67
总额	337.24	566.30	774.55	1358.61	3229.35	3016.01	3079.65

资料来源：中华人民共和国外交部网站，http://www.fmprc.gov.cn/。

3. 财政指标

20世纪70～80年代，赤道几内亚经济发展缓慢，财政状况不断恶化。1985～1993年的通货紧缩指数为0.4，消费力不足，通缩现象严重。尽管政府采取了多种措施，但收效甚微。90年代以来，

第四章 经　济

表 4-2　1993~1999 年赤道几内亚三大产业、主要产业产值及占比

单位：百万美元，%

类别		1993 年	1994 年	1995 年	1996 年	1997 年	1998 年	1999 年
第一产业	总量	72.25	44.04	83.96	101.27	122.93	90.65	115.17
	占比	45	42	53	38	23	17	21
	林业	20.15	15.41	36.67	51.06	78.27	40.21	57.40
	占比	12	15	23	19	14	8	10
第二产业	总量	42.67	35.89	45.14	133.94	382.87	384.36	388.84
	占比	26	34	28	50	71	74	70
	石油	25.66	26.32	33.76	116.67	357.07	343.95	356.95
	占比	16	25	21	43	66	66	64
第三产业	总量	40.53	22.07	26.09	30.35	30.47	39.06	44.85
	占比	25	21	16	11	6	8	8
	公共管理	11.18	6.07	7.53	11.57	13.18	19.67	20.57
海关税收		6.18	3.28	3.86	3.95	6.59	4.26	6.90
总额		161.63	105.38	159.05	269.52	542.71	518.32	555.76

资料来源：中华人民共和国外交部网站，http://www.fmprc.gov.cn/。

随着经济的快速发展，尤其是石油化工的发展，通货膨胀代替通货紧缩，并居高不下。1994 年的通货膨胀率是近年来最高的，为 38.8%。接下来的几年，政府增加收入，紧缩银根，同时出台一系列政策，采取措施解决通胀难题。1995~1999 年，通货膨胀下降，每年的通货膨胀率分别为 11.7%、6.7%、3.1%、6% 和 6%。

在国家财政收支方面，20 世纪七八十年代，赤道几内亚国家财政收入少，严重依赖国际援助和贷款，财政赤字巨大，是世界上外债负担最重的国家之一。90 年代，经济出现腾飞，财政收支状况日益好转，外债逐渐减少。1994 年，中非法郎贬值，经济运行受到影响，财政赤字增加。1994 年，财政预算为 156.33 亿中非法郎，赤字高达 137.76 亿中非法郎。1998 年，预算总收入为 658.8 亿中非法

郎，总支出为 692 亿中非法郎。根据非洲开发银行 1999 年的报告，1997 年赤道几内亚的外债为 2.5 亿美元，占国内生产总值的 42.9%。

(三) 2000~2012 年经济发展状况

2000 年，赤道几内亚政府继续加大私有经济比重，完善各项法规以吸引外国投资，加强基础设施建设，解决电力短缺等问题；促进经济结构多元化；加大对农业的投入，促进农牧林业的发展；改变地区间经济发展不平衡的局面，主要是第一首都马拉博和木尼河大陆地区的不平衡。随着新油田的发现及其相关产业的迅猛发展，赤道几内亚经济发展速度进一步加快，成为当今世界上经济增长最快的国家之一，一跃成为中非富有的小国。

2007 年，赤道几内亚召开第二届全国经济大会，制订了 2008~2020 年国家经济社会发展远景规划（简称"2020 远景发展规划"），在强化油气产业发展的同时，全面启动交通、通信、电力和卫生等基础设施建设，推动经济多元化发展，计划于 2020 年建设成新兴国家。2001~2008 年，赤道几内亚 GDP 年平均增长 20% 左右，能源部门的扩张支撑了这一增长。石油出口占 2009 年出口总额的 99%。然而，石油产量正在下降。2008 年以来，受国际金融危机及其滞后效应、国际油价波动等综合因素影响，赤道几内亚经济增速大幅减缓，增长明显乏力。事实上，低油价和低产出致使 2009 年 GDP 增长大幅缩水。此外，由于非碳氢部门将逐渐取代现有的生产结构，经济增长更加缓慢。由于出口下降 40%，早期巨额经常账户由顺差转为逆差，约占 2009 年 GDP 的 20%。赤道几内亚政府开始意识到经济发展多样化的必要性，加大了向基础设施建设倾斜的力度。此后几年，受国际油价总体回升的影响，赤道几内亚经济得以摆脱国际金融危机滞后效应影响，保持了良好的经济复苏势头。

(四) 2013 年以来经济发展状况

根据中部非洲国家银行和赤道几内亚国家财政货币委员会 2014 年 3 月 7 日联合发布的《2013 年赤道几内亚经济形势报告》，2013 年，赤道几内亚面临的外部经济环境呈现四个特点：世界经济增长乏力；国际市场原油价格较为稳定，维持在每桶 110 美元左右；国际市场原材料价格下跌，特别是热带原木国际市场价格的下跌对赤道几内亚影响较大；美元对欧元汇率贬值。

在此情况下，2013 年赤道几内亚的宏观经济呈现衰退迹象。衰退的原因有三：一是石油产量和出口下滑；二是公共和私人投资下降，内需不振，第三产业萎缩，特别是金融业和房地产业萎缩较为严重；三是国家财政状况恶化。据测算，2013 年赤道几内亚的实际 GDP 增长率为负，与 2012 年 GDP 增长速度反差鲜明（见表 4-3）。

表 4-3　1980~2013 年赤道几内亚 GDP 统计

年份	GDP(现价美元)	GDP 增长率(%)	年份	GDP(现价美元)	GDP 增长率(%)
1980	50640000	—	1997	442337870	150.0
1981	36730000	5.8	1998	370687635	23.8
1982	44290000	2.2	1999	621117853	25.7
1983	44440000	5.0	2000	1045998534	18.2
1984	50320000	1.0	2001	1461139008	63.4
1985	62120000	12.9	2002	1806742733	19.5
1986	76410000	-2.3	2003	2484745876	14.0
1987	93350000	4.4	2004	4410764261	38.0
1988	101000000	2.7	2005	6915849240	9.7
1989	88270000	-1.2	2006	8081982438	1.3
1990	112000000	-1.8	2007	10197937673	13.1
1991	110906029	-1.0	2008	15419096232	12.3
1992	134707184	34.7	2009	9380412630	-8.1
1993	136047906	11.0	2010	11586407487	-1.3
1994	100807003	16.7	2011	15715842151	5.0
1995	141853361	17.5	2012	16486743747	3.2
1996	232463023	66.6	2013	15573546339	-4.9

资料来源：世界银行网站，http：//data.worldbank.org/indicator/NY.GDP.MKTP.CD? page=1。

赤道几内亚

2013年，石油天然气产业占GDP的86%，非油气产业占14%。2013年，赤道几内亚内需不振，资本输入仅为24572亿中非法郎，同比下降23.4%（2012年为32081亿中非法郎）。2013年，赤道几内亚的通胀率为3.64%，而2012年则为3.0%。

2013年，赤道几内亚的石油生产量降到27.6万桶/天，从2013年年中开始，由美国诺本能源公司（Noble Energy）运营的阿伦（Alen）油田产量虽然有所增加，但也因其他老油田产量的下降而被抵消。阿伦油田和其他一些老油田所开展的加密钻井运动会降低石油消耗率，尽管如此，但总产量仍下降至大约26.9万桶/天。在没有发现新油田的情况下，从2015年开始，石油产量下降得更快。而为了加倍提高液化天然气的处理能力，政府加快了将赤道几内亚打造成地区天然气中心的进程。

2014年2月，赤道几内亚召开首届经济多元化会议，正式启动经济多元化进程，重点发展农牧业渔业、石化业、矿业、旅游业、金融服务业五大战略产业。在诸多建设项目中，姆比尼工业城作为首个工业开发区，拉开了赤道几内亚经济多元化的序幕。姆比尼工业城位于赤道几内亚大陆地区东西向交通主动脉的起点，紧邻已于2016年投入使用的三吉水电站，占地20万平方公里，规划有轻重工业、商业、物流、住宅等区块，还将建设配套的航运和空运港。赤道几内亚政府不仅计划投入20亿美元用于工业城基础设施建设，还将设立工业城管理局，为企业提供签证便利、税费优惠以及政府行政手续一站式服务。

赤道几内亚国家港口现代化和电信产业的扩大使服务业得以稳定增长。总的来说，受到老油田预期更快消耗和财政政策紧缩的影响，2013~2014年赤道几内亚的实际GDP有所缩减。同时，随着碳氢类行业产能下降，政府资本支出不断减少，在天然气产量完全恢复和服务业继续扩大之前，2015~2016年GDP增长速度还会下降。

近两年，国际油价下跌对产油国经济影响较大。赤道几内亚政府着眼于"后石油时代"，大力推进经济多元化和工业化，将农牧渔业、石化业、矿业、旅游业和金融服务业作为国家发展战略重点产业，通过设立国家投资基金和控股公司对其进行重点扶持。

四　2020年远景发展规划

根据赤道几内亚2007年制订的2020年远景发展规划，政府明确提出要摆脱单一经济即石油和天然气为国家经济唯一支柱的现状，要向韩国、新加坡、阿联酋等新兴市场国家取经并以上述国家为样板，寻求一条经济和社会快速发展的途径，使各部门经济和社会领域的发展呈多样化形态，进而实现经济的稳步和可持续发展，建成以中产阶层占主导地位的新兴市场国家。

2020年远景发展规划的核心是发展四大经济支柱产业，即能源业、海洋渔业、农业和服务业。

（一）能源发展规划

继续对现有区块石油和天然气的开采，继续对对其他区块石油和天然气的勘探，建设炼油厂，扩大液化天然气生产线，建设天然气发电厂，实现能源产业的强劲和多样化发展，推进除石油、天然气以外其他地下矿藏的开发。

（二）海洋渔业发展规划

赤道几内亚的领海面积为31.2万平方千米，海岸线长482千米，其领海面积是其国土面积的10倍多。赤道几内亚政府规划建立15个渔业产品加工厂、冷库、水产养殖场和捕捞船队。

(三) 农业发展规划

保证国家粮食和食品安全,建设农业示范农场,帮扶和培训农民,实现农产品多样化,改善农村落后的生存环境。

(四) 旅游业和金融业

完善主要城市的机场及旅馆设施,建设旅游休闲场所,实现基础设施现代化,充分利用丰富的自然资源,建成国际生态旅游目的国示范中心,推动区域性金融中心的建设。

为保障上述规划的顺利实现,赤道几内亚政府开展了大规模的基础设施项目建设,投资规模超过国家年预算的30%。拟投巨资在全国5个主要省份建立5个多学科综合实用技术培训中心;加大对生产、通信领域的投入并鼓励私人企业投资多样化,如投资农业、渔业及农渔产品加工业,炼油厂和天然气液化生产线;铺设第一首都马拉博至陪都巴塔的海底通信光缆,启动国家安全网建设;等等。

赤道几内亚政府计划将2020年远景发展规划分为两个阶段实现,2008～2012年为改革和奠定基础阶段,即进行机构改革和主要基础设施现代化建设;2012～2020年为实现阶段,即逐渐实现社会各领域的2020年远景发展规划,将赤道几内亚建成新兴市场国家。[①]

2015年8月19日,赤道几内亚总理托米在外交部大楼会议室主持部长委员会,会上赤道几内亚经济、规划和公共投资部介绍了加强国家公共投资体制建设和2020年远景发展规划实施计划等情况。会议形成了38项决议。2020年远景发展规划综合项目评估报告总结了规划取得的成就、5个经济社会发展计划进展情况,以及2020年

[①] 《对外投资合作国别(地区)指南·赤道几内亚》(2013年版), http://gq.mofcom.gov.cn/article/ztdy/201408/20140800700393.shtml。

第四章 经 济

远景发展规划中的公共投资计划。其总体目标是为公共投资创立一个综合体系，以增强 2020 年远景发展规划实施的机制保障能力。社会发展局将负责协调政府在实施千年目标方面的战略。同时，设立现代事务委员会的提议，以便改善赤道几内亚的营商环境。

第二节　农林渔牧业

赤道几内亚属于热带雨林气候和热带海洋性气候，这为热带生物的生长提供了极好的气候条件。尤其是比奥科岛的自然条件得天独厚，火山灰土质十分肥沃，气温适中，特别适宜动植物的生长。在欧洲殖民者进入赤道几内亚以前，这里生长着茂密的森林和很多不知名的动植物，赤道几内亚湾鱼类繁多。但是，由于早期殖民者的掠夺性开发，赤道几内亚的生物资源受到极大破坏，部分物种已经消失或者濒临灭绝。由于经济不发达，赤道几内亚政府一直没有对全国的生物资源进行全面的调查和统计，故相关数据无法得知。但可以肯定的是，赤道几内亚的农林渔牧业等还停留在较低的发展水平。

一　农业

赤道几内亚的农业以可可和咖啡的生产为主。大约在 19 世纪 50 年代，赤道几内亚从圣多美和普林西比岛引进可可树，20 世纪初大规模种植，可可种植园的总面积达 6 万多公顷，几乎占比奥科岛面积的 1/3。比奥科岛上厚厚的火山灰及其适宜的自然条件特别适合可可的生长，故赤道几内亚的可可生产多集中于此。这里的可可品种优良，产量高，平均每公顷产量达 700 公斤；质量好，含油量高，水分少，壳薄，枝形整齐，便于管理，可连续高产。赤道几

内亚是世界上主要的可可生产国，历史上的最高产量达到4.5万吨，在可可市场上有一定的影响，被称为"可可之国"。

赤道几内亚全国有可耕地面积85万公顷，其中77万公顷位于大陆地区，岛屿地区仅有8万公顷。70%的劳动人口从事农业，但粮食不能自给。

赤道几内亚已耕种土地占全部土地的5%，草场占4%。种植的作物有木薯、香蕉、玉米、花生，但未形成规模，属于家庭种植，面积小，生产方式原始，产量低，大部分用于自给，少量出售。当地土壤气候适合种植香蕉、木薯等热带作物。赤道几内亚从未大面积种植水稻、小麦、玉米、棉花等高产作物。20世纪70年代，中国农业专家帮助赤道几内亚在巴塔地区种植水稻和棉花，但仅停留在试验阶段，专家离开后因种种原因而放弃。

（一）可可生产

可可树是西班牙人于19世纪引进的，现在广泛分布在全国各地。赤道几内亚的可可以水分少、壳薄、油多闻名，远销欧美等地。

可可是比奥科岛最主要、最重要的农作物，其产量占全国可可产量的90%。1996年，可可出口占全国总出口的2.9%。独立前，可可年均产量为38000吨。独立后，由于政府实施过激的国有化政策，把外国人的种植园收归国有，西班牙种植园主纷纷离开赤道几内亚回国，加之随后赤道几内亚与尼日利亚的关系恶化，尼日利亚籍劳工也纷纷回国，可可生产缺少资金、技术和劳动力，大量种植园被废弃，产量大幅下滑，年均产量不到7000吨。1978~1979年，可可产量仅为5000吨。

1979年，奥比昂上台执政。为恢复民族经济，新政府采取了一系列措施。1980年7月,新政府成立了"经济恢复计划执行委员会",实行经济自由化政策,鼓励守法的外籍种植园主返回赤道几内亚;在农村发展合作社,把农民组织起来,恢复可可耕种。此外,政府还提高可可的收购价格,激发农民的积极性,向农民发放贷款、农机农具,并对他们进行可可生产的技术培训。得益于此,可可产量迅速从1979年的5000吨上升到1982年的9000吨。1983年,可可出口已达15000吨。1985年,在世界银行等国际组织和其他国家的支持下,政府启动了一项为期5年的可可复兴计划工程,计划将可可种植面积恢复到7550亩;1987~1988年,可可种植面积持续回升。在此期间,由于赤道几内亚和尼日利亚的关系改善,尼日利亚籍劳工开始返回赤道几内亚从事可可种植,为可可的增产做出了贡献。总的说来,由于新政府的努力,20世纪80年代可可的产量大幅增加,但一直未能恢复到独立前的水平。

90年代以后,可可产量再次减少。作为全面发展农业的一部分,1991年世界银行与赤道几内亚政府一起启动一项为期10年的可可复兴计划,期望通过控制虫灾和疾病、重新栽种可可树、扩大耕种面积、实行可可和其他农作物混合种植等措施来提高产量,但实际效果并不理想。作为对赤道几内亚政府取消可可生产补贴的补偿,世界银行承诺提供1800万美元的支持,助其振兴可可业。然而情况并不理想,1991年,赤道几内亚的可可产量为6000吨;1992年、1993年均为5000吨;1997年约为4000吨,仅占全球市场份额的2%~3%;2005~2011年一直处于下降态势(见表4-4);2012年仅为621吨;2013年下降到429吨,下降了31%。可可国际市场价格一直疲软,赤道几内亚的可可大部分运到喀麦隆销售,对国际市场的依赖极强。

赤道几内亚

近年来,由于资金不足,管理不善,加上国际市场价格大幅下跌,许多种植园荒废,可可生产逐步萎缩,产量已由1879年的4.5万吨降至2010年以后的不足1000吨。

表4-4 2005~2011年赤道几内亚可可生产情况

单位:吨

年份	2005	2006	2007	2008	2009	2010	2011	2012	2013
产量	2194	1932	1933	1396	1089	748	747	621	429

资料来源:《对外投资合作国别(地区)指南·赤道几内亚(2013年版)》,http://www.mofcom.gov.cn/article/i/dxfw/gzzd/201408/20140800700393.shtml。

(二)咖啡生产

咖啡曾是赤道几内亚的第三大出口商品。19世纪40年代,西班牙开始在木尼河地区栽种咖啡,以满足本国国内市场的需要。1968年出口咖啡8500吨,还有部分走私到加蓬和喀麦隆。独立后,因同样的原因,与可可一样,咖啡生产萎缩,产量大幅下滑,1979~1980年只有100多吨。奥比昂上台后,咖啡生产开始恢复,产量开始回升。20世纪90年代以来,咖啡生产进一步发展,1996年产量为7000吨,1998年耕种面积扩大到2000公顷,有农场25000家,产量上升。但是近年来赤道几内亚的咖啡生产却一直下滑,其原因有三:一是赤道几内亚农村人口不断流入城镇,二是缺乏振兴计划,三是咖啡国际市场价格低迷。

(三)其他农作物生产

赤道几内亚的农作物还有木薯、甜薯、车前草、香蕉、玉米、棕榈油等,但多数仅为满足国内需要,产量低。1991~1993年,木薯产量分别为46吨、46吨、47吨,甜薯均为35吨,棕榈油均

第四章 经　济

为5吨。赤道几内亚本国生产的蔬菜有西红柿、大椒、扁豆、洋白菜、土豆等。2012年，赤道几内亚蔬菜产量为16.299万千克，2013年则下降到8.7377万千克，而且赤道几内亚蔬菜生产受运输、保鲜、销售等因素的严重制约。

二　林业

比奥科岛和木尼河沿海地区是茂密的原始热带雨林，有着丰富的林业资源，森林面积占国土面积的46%。这里木材品种繁多，质地优良的木材逾150种，其中包括红木、非洲胡桃木和桃花心木等。其中，"红乌木"为稀有珍贵树种，据说只生长在赤道几内亚、尼日利亚和加蓬三国。虽然国土狭小，但赤道几内亚的森林面积为220万公顷，木材蓄积量约为3.74亿立方米，胸径60厘米以上的商业木材可采量达3320万立方米。由此，赤道几内亚成为世界上人均森林面积最高的国家之一，享有"森林之国"的美称。

林业曾是赤道几内亚的支柱产业，一直是国家获取外汇的重要手段。独立前，木材采伐和出口完全为西班牙所控制；1968年独立后，林业同其他的经济部门一样，遭受重创。80年代，林业发展开始出现转机，木材采伐量增加。90年代以来，政府鼓励森林开发，并采取了降低租金、机械设备与生活物资减税等优惠措施，大大吸引了外国投资者。从20世纪90年代中期起，已有欧洲、亚洲的近20多家公司（其中有中国的企业吉兴公司和华科洋公司）在赤道几内亚进行森林开发，每年产木材30万立方米。因此，林业发展快速，与石油工业一起成为推动赤道几内亚经济发展的动力。1992年以前，木材的年均产量远远低于30万立方米，1992年上升至61.3万立方米，1993年和1994年进一步达到63.08万和

赤道几内亚

71.4万立方米。1992～1999年，林业产值不断增加，分别为57.06亿、85.88亿、183.01亿、264.01亿、264.00亿、456.89亿、235.94亿和322.06亿中非法郎。近年来，随着石油的大规模开采，林业已退居次席，木材主要出口到中国、法国、西班牙、日本、朝鲜、葡萄牙、摩洛哥等国。

由于长时间的大规模采伐，赤道几内亚森林毁坏严重。20世纪90年代中期，国际货币基金组织预测，按照当时的砍伐速度，到2012年赤道几内亚的森林将被砍伐殆尽。赤道几内亚政府也意识到问题的严重性，多年前就强调要改变这种状态，实行植树与采伐相结合，以实现林业的可持续性发展。为此，赤道几内亚划定了70万公顷的林业保护区，对幼苗、未成年林和稀有树种进行保护。特别是近年来，政府强调必须减少对林业和石油的依赖，加强对农业的投入，确保国民经济健康、稳定和持续地发展。

根据赤道几内亚农业森林部统计，2013年在赤道几内亚从事木材加工的企业共有10家，分别由马来西亚、西班牙、黎巴嫩、朝鲜、中国等国的木材公司投资兴办，其中马来西亚长的青公司实力最为雄厚，产量和出口量约占总数的50%。但在赤道几内亚与原木采伐数量对比，加工成材的数量占比很低。赤道几内亚农业和森林部曾出台法规，要求采伐的原木的60%以上必须加工成板材，在赤道几内亚落户3年以上的木材企业必须建立至少一个木材加工厂，但该法规并未得到很好的执行，形同虚设。

近些年来，赤道几内亚政府还多次调整林业政策，限制原木开采（见表4-5）。赤道几内亚政府新颁布的《林业法》，规定每年木材产量最高限额为54万立方米。2013年实际木材产量为33.4万立方米，同比下降0.1%。现平均每年生产原木约40万立方米，出口 36 万立方米，占总产量的 90%。开采的主要树种是奥克榄，其次是红木、紫檀、红铁木等。

表 4-5 2005~2011 年赤道几内亚林业生产情况

单位：立方米

年份	2005	2006	2007	2008	2009	2010	2011	2012	2013	2014	2015
产量	512000	511800	608100	516100	439400	395000	337222	514052	354798	463524	561261

资料来源：《对外投资合作国别（地区）指南·赤道几内亚（2013 年版）》，http://www.mofcom.gov.cn/article/i/dxfw/gzzd/201408/20140800700393.shtml。2012 年之后的数据来源为：《对外投资合作国别（地区）指南·赤道几内亚（2016 年版）》。

三 渔业

赤道几内亚有着辽阔的海岸线，拥有 30 万平方千米海上专属捕鱼区。海洋资源丰富，尤其是与加蓬交界的河口地区有着丰富的渔业资源，经济价值较高。鱼的种类较多，除了常见的鱼类外，南部海域盛产的非洲黄鱼、大虾、巴鱼和金枪鱼在世界上颇具盛名，年捕获量可超过 7 万吨，但实际捕捞量仅为 2000~4000 吨。

历史上，赤道几内亚渔业的开发多被外国控制。独立初期，根据签订的渔业协议，苏联获得在赤道几内亚海域捕鱼的权利。20 世纪 80 年代，赤道几内亚废除同苏联的渔业协议，改与欧共体的部分成员国签订渔业协议。赤道几内亚同意欧共体国家的 40 多艘金枪鱼冰冻船在其海域捕鱼。船主除了向赤道几内亚政府缴纳税款外，每年还要支付 100 多万的欧洲货币（现为欧元）。欧共体的船队每月捕鱼 9000 吨。据估计，法国和西班牙自签订协议以来，共捕鱼 4815 吨，当地渔民捕获量才 150 吨。1993~1999 年，除 1994~1996 年外，其余年份的渔业产值分别为 3.45 亿、4.19 亿、6.70 亿和 8.72 亿中非法郎。为改变对石油的过分依赖,赤道几内亚政府加大了对渔业的投入。

赤道几内亚缺乏现代化捕捞能力、必要的捕鱼设备和手段,以及与之相适应的管理体系、必要的资金投入及政策支持,长期以来,当地渔民一直沿用比较原始的捕捞方式,使用独木舟手工钓鱼。政府制定的捕鱼法又有很多限制,20世纪80年代没有一家外国公司能在赤道几内亚扎下根来。近年来,赤道几内亚政府采取了一系列措施支持渔业发展,将其作为实现经济多元化的关键之一。

2005年3月,赤道几内亚第一家渔业公司在巴塔市成立,联合赤道几内亚的海岸渔村手工捕鱼者从事捕捞业务。该公司根据其需要采用与外国公司合营的方式扩大生产规模。

从2005年9月起,赤道几内亚政府拿出部分资金投资捕鱼器材,包括艇尾机、渔网等渔具。这些渔具被分发到各作业组,从事手工捕鱼的渔民一改过去传统的独木舟垂钓的方式,采用了现代化的捕鱼作业方式。这一举措减轻了手工捕鱼的劳动强度,提高了捕捞能力,给岛上渔民和消费者带来福音。此举也是赤道几内亚政府为脱贫、扶植渔民发展的小项目规划之一。同时,渔业部还为捕鱼提供技术指导并及时公布作业区及有关条例。

2006年,赤道几内亚政府继续采取一系列措施支持渔业发展,包括:对渔民进行培训,向其提供捕鱼工具;建立国家渔业公司,负责渔业生产和合作;联合国防和安全部门,打击非法捕捞等。

赤道几内亚还加强了与外国的渔业合作。2007年2月底,菲律宾渔业公司总经理罗德里克在赤道几内亚第一首都马拉博会见了赤道几内亚渔业与环境保护部部长温森特,双方签署了一项旨在加强两国工业捕捞领域合作的意向书。2013年7月31日,赤道几内亚总理托米在马拉博会见了韩国海洋和渔业部代表团一行，双方就渔业合作细节进行了深入探讨。

四 畜牧业

赤道几内亚的热带森林为各种动物提供了生存空间。非洲大象、猴子、蛇、鳄鱼、熊、狐狸等都是这块土地上原有的动物，鳄鱼和蛇到处可见。但由于人类的捕杀，目前这类动物的数量已经大幅减少。兔子的繁殖速度很快，数量多。猫、狗、驴、马、山羊、猪、鸡、鸭、家鼠等则是殖民者带来的。

由于赤道几内亚拥有丰富的动物资源，其畜牧业具有一定的发展潜力，特别是在莫卡尔峰的斜坡地带。非洲开发银行曾向赤道几内亚提供贷款，支持其人民从事养殖业。不过整体而言，赤道几内亚的畜牧业非常落后，所有的肉食制品基本上依靠进口。根据联合国粮食及农业组织（FAO）估计，1991~1993年，赤道几内亚年均饲养牛5000头、山羊8000头、绵羊36000头、猪5000头。

赤道几内亚的畜牧业主要集中在韦莱－恩萨斯省，该省有规模较大的畜牧场。其中，规模最大的畜牧场，每天可出厂1.65万~1.8万枚鸡蛋、1.9万只鸡鸭。

第三节 工业

赤道几内亚的工业整体而言非常落后，除了一些小型加工厂，如面粉厂、印刷厂、锯木厂和部分作坊外，全国没有一家大型的企业。近年来，石油和天然气工业发展迅速，在一定程度上改变了这一格局。工业总产值在国内生产总值中所占比重逐年增加，但结构

较为单一。2011年工业总产值在国内生产总值中所占比重超过90%。

一 油气资源和矿产资源

(一) 油气资源

1. 概况

原油和天然气是赤道几内亚最重要的矿产资源，主要分布在比奥科岛西北部大陆架、大陆地区木尼河流域以及北部与南部边境地区。据估计，赤道几内亚天然气和原油储量分别为370亿立方米和56亿桶。

独立后，赤道几内亚允许西方石油公司在其海域进行石油勘探。1969年，康克（Conco）公司获得在近海和海岸的勘探权。1970年，雪佛龙（Chevron）公司在恩特姆和巴塔附近的地区勘探石油，但一直没有实质性的进展。80年代初，赤道几内亚在第一首都马拉博所在的比奥科岛海面和大陆的木尼河流域发现较好的油气储层。由于缺乏资金和技术，赤道几内亚无法独自勘探开采，遂与西班牙政府联合成立了一家石油公司，在比奥科岛北端2072平方千米的区域进行勘探。1982年安装了钻井平台，1983年开始运行，但因开采成本过高，最终不得不放弃。

此后，法国的埃勒夫、英国的壳牌、美国的美孚等著名的石油公司接踵而来，纷纷加入勘探的行列。1990年4月，赤道几内亚矿业、工业和能源部与美国的石油公司达成共同开发的协议。1991年，第一口油井正式喷油。1992年，石油开始出口。随着勘探的不断深入，赤道几内亚的其他地区也不断发现油田。1999年赤道几内亚大陆地区的海域发现大型油田，其石油储量比比奥科北部海域油田还高，已经大量开采。据统计，赤道几内亚的石油质量与尼日利亚的原油相似。

第四章 经 济　Equatorial Guinea

赤道几内亚是非洲第三大石油生产国，到 2005 年 1 月已探明石油总储量为 17.7 亿桶，大多位于几内亚湾。自 1995 年发现萨菲罗（Zafiro）油田以来，赤道几内亚石油产量已增长 10 倍多。1995 年，赤道几内亚平均石油产量为 5000 桶/天，2005 年增至 35.6 万桶/天。为了避免油价下跌，2004 年 10 月，赤道几内亚要求石油公司产量稳定在 35 万桶/天。

根据美国能源部公布的数据，截至 2013 年 1 月，赤道几内亚已探明但尚未开采的石油剩余储量为 11 亿桶，在撒哈拉以南非洲国家中排名第八；已探明但尚未开采的剩余天然气储量约为 367.9 亿立方米，在撒哈拉以南非洲国家中排名第十。

据法国央行统计，赤道几内亚原油产量如表 4-6 所示。

表 4-6　2007~2014 年赤道几内亚原油日产量

单位：万桶

年份	2007	2008	2009	2010	2011	2012	2013	2014
日均产油量	28.78	29.98	28.17	25.61	23.99	26.21	25.71	25.51（当时估算）

资料来源：法兰西银行，https://www.banque-france-fr/。

2. 主要油田

萨菲罗油田位于比奥科岛北部，1995 年由埃克森美孚公司（Exxon-Mobil）和海洋能源公司发现。该油田估计拥有 4 亿桶以上的可开采储量，是 2006 年赤道几内亚最大的在采油田，初始产量从 1996 年的 7000 桶/天增至 2005 年的近 27 万桶/天。而且，该油田原油含硫低，油质较好。

吉贝（Ceiba）油田是赤道几内亚第二大在采油田，位于木尼河近海，储量在 3 亿~8 亿桶。该油田于 2000 年 12 月开始生产，

2006年产量约为4万桶/天，扩大投资后达到6万桶/天。

艾尔巴（Alba）油田是赤道几内亚的第三大油田，位于比奥科岛以北12英里，于1991年被发现。最初发现时该油田油气储量为6800万桶，后期的勘探发现，该油田储量接近10亿桶。[①]

（二）矿产资源

赤道几内亚的金属和非金属矿藏也较丰富。赤道几内亚矿业、工业和能源部几年前曾委托一家加拿大公司和一家乌克兰公司进行了地质勘查，勘查报告显示，包括黄金、白银、铜、铀、铁、铌钽、金刚石、铝矾土（铝土蕴藏量约占全球的1/3）、稀土、镍、铂、铬、钴、钻石等在内的重要矿产，散布在赤道几内亚国土的多处，但尚未探明储量。除金矿有小规模开采外，其他矿产均未进行工业开采，有待今后开发利用。

二　工业发展

赤道几内亚的工业以石油天然气工业为主，自20世纪90年代以来，油气工业发展迅速。

（一）石油工业发展

1. 90年代以来石油工业发展概况

20世纪90年代初，以美国沃特国际公司为首的跨国公司纷纷投资赤道几内亚的石油产业，并在比奥科岛北部海域发现大型油田，到20世纪90年代末已累计投资20多亿美元。现共有美孚等五家石油公司在进行石油勘探和开采。石油出口已成为赤道几内亚最主要的收入来源。

自1996年大规模开采石油以来，石油产量逐年增长。1998年平均

[①] 牛车：《赤道几内亚油气工业概览》，《中国石油和化工经济分析》2006年第13期。

日产 8 万桶，1999 年平均日产 10.2 万桶，主要来自美孚（Mobil）公司。2000 年 8 月，美孚公司另一耗资 7 亿美元的钻井平台投产，2000 年石油的平均日产达 16 万桶。1998 年，赤道几内亚共生产石油 4100 吨，1999 年生产 5100 吨，2000 年生产 5900 吨，2001 年生产 9800 吨。石油产值已由 1993 年的 72.68 亿中非法郎上升到 1999 年的 2002.82 亿中非法郎。按赤道几内亚政府与各石油公司协议的规定，赤道几内亚政府征收公司利润的 25% 作为出口税。此外，在海域开采石油，协议执行的第一年石油出口收入的 10% 归赤道几内亚政府所有，到协议执行的第 5 年，交给政府的比例达到 40%，到第 8 年比例逐步达到 65%。

2. 赤道几内亚强化对石油工业的管控

鉴于石油已成为本国支柱产业，赤道几内亚通过加强立法行政和市场介入等方式来强化对石油工业的管控。

第一，通过《石油开采法》来规范石油的勘探和开采。1998 年 12 月，议会批准了新的《石油开采法》，赤道几内亚获得的石油份额从过去的 10% 增加到 1998 年的 13%～20%。

第二，成立跟踪委员会，加强对石油工业的管理。1999 年 8 月，赤道几内亚政府决定成立石油开采工作跟踪委员会，并宣布将今后所有的石油收入纳入国家财政预算；石油勘探、开采协议和合同一律由经济财政部签署后交总统批准。

第三，成立国家石油公司，加大对石油行业的控制。2001 年，成立国家石油公司。2004 年 9 月，召开第一届全国石油工业大会，宣布成立国家石油技术研究院。2011～2013 年，赤道几内亚石油产量稳定，原油日产量、全年总产量和出口量在这几年里均相差无几，变动不大。2013 年原油日产量为 26.1422 万桶（见表 4-7）。目前在赤道几内亚开采石油的主要是埃克森美孚公司、马拉松石油公司

(Marathon Petroleum Corporate)、欧菲尔能源公司（Ophir Energy）、道达尔公司（Total）等美国、英国、法国的石油公司，其中美国4家石油公司掌控的油气资源最多。在赤道几内亚，有所谓"四大家族"，它们分别是埃克森美孚公司、阿美拉达·赫斯公司（Amerada Hess Corp.）、诺贝尔能源公司（Noble Energy）、马拉松石油公司。①

表4-7 2011~2013年赤道几内亚原油产量和出口量

单位：万桶

年份	原油日产量	全年总产量	出口原油量
2011	28.4931	10223.00	9952.00
2012	30.4474	10961.09	10942.70
2013	26.1422	9541.92	9111.95
2014	26.2	—	—
2015	24.2	—	—
2016	23.5	—	—

注：2014~2016年之后两项数据暂无法找到。
资料来源：《2013年赤几石油天然气产业发展状况》，中华人民共和国驻赤道几内亚共和国大使馆经济商务参赞处网站，http://gq.mofcom.gov.cn/article/ztdy/201405/20140500603138.shtml。

赤道几内亚政府与各大石油公司签订勘探和开采协议，根据协议，赤道几内亚政府以原油偿还上述石油公司的投资，这些石油公司则向赤道几内亚政府支付一定比例的石油收入，作为用地费用和

---

① 赤道几内亚的石油资源被美国4家石油公司掌控，排名第一的是美国埃克森美孚公司，是世界第一大石油公司，由洛克菲勒于1882年创建，在全球200个国家和地区开展业务，拥有8.6万名员工。排名第二的是阿美拉达·赫斯公司，是美国第四大石油公司，总部设在美国纽约，主要从事勘探、生产、购买及销售原油和天然气，在2012年《财富》杂志世界500强中排第278位。排名第三的是诺贝尔能源公司，1932年成立，总部设在美国的休斯敦，主要业务是石油与天然气开采和加工。排名第四的是马拉松石油公司，创立于1887年，总部亦设在美国的休斯敦，业务范围涉及全球原油、天然气的勘探、生产和运输。2013年，这四家美国石油公司石油产量分别占赤道几内亚石油产量的34.51%、26.36%、23.01%和16.11%。

税款。近年来，赤道几内亚政府加大对石油资源的控制，规定赤道几内亚政府须在所有合资石油公司中控股35%以上。

(二) 天然气工业发展

1. 储量丰富

赤道几内亚拥有约367.9亿立方米天然气储量，其中大部分位于比奥科岛近海，主要是艾尔巴油田和萨菲罗油田的伴生天然气田。艾尔巴气田是赤道几内亚最大的天然气田，储量估计在4.4万亿立方英尺或更多。

2. 天然气工业加速发展

2001~2002年，赤道几内亚新的天然气项目相继投产，天然气产量迅速增长。2002年，赤道几内亚投资4.15亿美元在第一首都马拉博建成甲醇生产基地，平均年产甲醇达92.5万吨。该企业是非洲最大的甲醇生产厂，产量占世界总产量的3%。

2003年，赤道几内亚天然气产量为450亿立方英尺，而天然气消费与此相同。由于艾尔巴气田的主要股东新增投资，最近几年赤道几内亚的天然气和凝析油产量与出口量增长很快（见表4-8）。

2014年，赤道几内亚液化天然气产量约为15万桶/日。2015年，赤道几内亚出口液化天然气、甲醇、丁烷、丙烷等合计6660万桶，同比增长20%。

表4-8 2011~2013年赤道几内亚液化天然气产量和出口量

单位：桶

	2011年	2012年	2013年
产量	58208211	55883859	53958628
出口量	53498906	52090344	52944944

资料来源：《2013年赤几石油天然气产业发展状况》，中华人民共和国驻赤道几内亚共和国大使馆经济商务参赞处网站，http://gq.mofcom.gov.cn/article/ztdy/201405/20140500603138.shtml。

3. 天然气开采和液化气生产被外国石油公司控制

目前在赤道几内亚从事天然气开采的公司主要有两家，即美国的马拉松石油公司和英国的奥菲亚能源公司。美国马拉松石油公司的气田主要在艾尔巴，艾尔巴气田日产约2.5亿立方英尺净天然气。马拉松石油公司拥有该气田63%的股份，奥菲亚能源公司拥有34%的股份，其他小公司拥有剩余3%的股份。在第一首都马拉博所在的比奥科岛上的"欧洲角"，马拉松石油公司投资14亿美元建设了一个天然气液化厂——"欧洲角天然气液化厂"。该厂于2007年投产运营，拥有目前赤道几内亚唯一一条天然气液化生产线，气源主要来自马拉松石油公司拥有的艾尔巴气田。

天然气出口与原油出口不同，天然气必须先液化，转变成液化天然气，然后才能出口，因此赤道几内亚的天然气出口量取决于其液化能力。由于目前只有马拉松石油公司建有唯一一条天然气液化生产线，因此赤道几内亚的天然气出口完全被马拉松石油公司左右。马拉松石油公司已开始投资兴建第二条天然气液化生产线，2016年投产运行。在建的液化天然气项目能加倍提高液化天然气的处理能力，并加快政府试图将赤道几内亚打造成地区天然气中心的进程。

4. 加强对天然气生产的立法和管理

奥比昂总统于2005年1月签署一份法令后，赤道几内亚政府宣布成立一家国家天然气公司，主要负责管理天然气资产，开发一个工业和民用天然气市场，以及勘探天然气储量、分销和营销天然气产品。此外，赤道几内亚政府要求该公司获得与天然气相关的所有项目的部分所有权，2005年包括比奥科甲醇厂所有权的10%、液化石油气厂所有权的10%等。2006年12月颁布的《能源和石油天然气法》重点增加了国家对油气资源的控制、管理及国家权益等条款，于2007年1月1日起实施。

（三）其他工业发展

全国有十几个中、小型热电厂和水电站（热电80%，水电20%），多为外国援建，最大装机容量为15400千瓦。

近年来，赤道几内亚政府为缓解电力供应紧张、经常停电的局面，相继从美国引进了大功率的发电设备，分别在马拉博市和巴塔市建立了天然气发电站。2011年，由中国公司为赤道几内亚修建的吉布劳水电站和改造扩容的马拉博燃气电厂投入运行，使赤道几内亚全国的装机总量达到了280兆瓦。与此同时，赤道几内亚政府投入资金对巴塔和马拉博市区的电力供应网络进行改造，电力供应网络改造完成以后，赤道几内亚的电力供应将能够满足居民日常用电需要。2007~2011年赤道几内亚发电量情况见表4-9。

表4-9　2007~2011年赤道几内亚发电量情况

单位：万千瓦时

年份	2007	2008	2009	2010	2011
发电量	12.3	13.4	15.9	18.3	23.2

资料来源：赤道几内亚马拉博国家电力公司、中非国家银行（https://www.beac.inl/）。

2011年，随着由中国水电建设集团和中国机械设备工程股份有限公司承揽的吉布劳水电站和马拉博燃气电厂陆续竣工，以及马拉博和大陆地区输变电网投入使用，赤道几内亚电力供应情况得到了极大改善，主要城市居民的生活用电也得到了基本保障。近年来，随着赤道几内亚经济的发展，工业和商业用电的需求显著提升。赤道几内亚经济计划部数据显示，在目前电力改善的前提下，本国电力需求仍有 50 兆瓦左右的缺口，而且随着赤道几内亚工业的发展，这一缺口会不断增大。

2015 年 2 月 19 日，由中国电力建设集团所属水电六局承建的赤道几内亚巴塔电网扩建和改造工程顺利移交。巴塔电网扩建和改造工程主要施工内容包括新建 3 座变电站、1 座调度中心，新建及改造 203 座箱式变电站，架设、更换、埋设 764 千米高中低压电缆，以及建设公路照明设施等。2014 年 11 月 22 日，3 座变电站和调度中心全部投入运行，并入赤道几内亚国家大陆电网，向赤道几内亚大陆地区输送吉布洛电站提供的清洁电能，满足了 2015 年非洲杯等大型国际活动的用电需要，为赤道几内亚政府提高国际地位、改善国民生活提供了保障。

为了解决吉布劳水电站雨季和旱季来水差异大、发电不均衡问题，从 2013 年开始，中国水电建设集团在吉布劳水电站上游约 4 千米处建设了一座调蓄水库。这座水库目前是赤道几内亚库容最大、坝高最高、浇筑方最大的调蓄水库，2016 年 10 月 1 日实现蓄水。

第四节　交通与通信

一　交通运输

赤道几内亚交通业不发达，交通设施落后，至今没有铁路。国内主要运输方式为公路，国际主要运输方式为航空和海运。

（一）公路

赤道几内亚公路总长约 1500 千米。除恩圭—蒙戈莫公路和巴塔—涅方公路为 3 级柏油公路，其他均为碎石路和土路。另有

1356千米森林通道。恩圭—蒙戈莫公路全长121千米，路面宽6米，由中国政府援建，于1977年竣工，是赤道几内亚路况较好的公路。巴塔—涅方高速公路全长100千米，由中国援建，1995年开始修建，1999年竣工，是赤道几内亚最好的公路。过去由于经济长期落后、国家财政紧张，公路建设滞后，近年来，随着财政状况改善，赤道几内亚政府加大了对基础设施的建设力度，修建了一些新公路，主要有马拉博—机场公路、马拉博—新城公路、环比奥科岛公路、大陆地区主要城镇至边界的公路，并对原有公路进行了整修。2013年4月3日，中国援建的全长33.22千米的涅方—恩圭公路项目经验收合格。

截至2016年，赤道几内亚公路网已基本成型。全国公路网共有约4000千米，其中2500千米分布在大陆地区，300千米分布在岛屿地区，另有1200千米的林区公路。国家级公路长约1000千米，其中沥青路约700千米。赤道几内亚政府已经启动了横贯大陆地区的高速公路网建设计划，未来高速公路网将是赤道几内亚发展的重点。

（二）航空

1. 发展概况

赤道几内亚最早的航空服务始于20世纪70年代，根据同西班牙签订的协议，由西班牙提供飞机、飞行员和技术员，并免费为赤道几内亚培训航空人员包括机组人员。70年代末到80年代上半期，航线运行时有时无，极不稳定。鉴于此，赤道几内亚于1985年成立了国家航空公司。尽管由于管理和经营不善，国家航空公司于1990年破产，但仍然维持着有限的几条国内航线，每周有一班飞往马德里的航班。此后，外国航空公司控制了赤道几内亚的大部分航空运输业务。2016年,赤道几内亚共有5家航空公司,其中仅有1家为国有公司,通过包租飞机维持马拉博至巴塔航线。2012年10月,赤道几内亚国家航空公司开通马拉博—马德里航线。此外,喀麦隆、加蓬、尼日利亚、西班牙、瑞士、科特迪瓦等国的航空公司有飞往马德里、利伯维尔、杜阿拉、拉各斯、达喀尔、圣多美等地的定期航班。马拉博和巴塔既是主要航空港,又是重要海港。

2. 马拉博机场

马拉博机场又名圣伊莎贝尔机场(西班牙文:Aeropuerto de Malabo 或 Aeropuerto Santa Isabel),是一个国际机场。该机场位于赤道几内亚比奥科岛"欧洲角",马拉博市以西9千米,可以起降一些大型飞机,如DC–10和C–130运输机。

马拉博机场主要的航空公司及航点如下:

客运主要有尼日利亚承包商航空(拉各斯、利伯维尔)、法国航空(巴黎)、贝宁高尔夫航空(科托努、杜阿拉、利伯维尔、洛美)、喀麦隆航空(科托努、杜阿拉、利伯维尔)、木棉洲际航空(安诺本、巴塔、杜阿拉、利伯维尔、阿克拉、圣多美、马德里)、达美航空(亚特兰大、萨尔)、GETRA(巴塔、科托努)、几内亚航空(巴塔)、西班牙伊比利亚航空(马德里)、德国汉莎航空(阿布贾、法兰克福)、摩洛哥皇家航空(卡萨布兰卡、利伯维尔)、埃塞俄比亚航空(亚的斯亚贝巴)、蓝点航空(圣多美)。

货运主要有Avient航空、MK航空[①]、世界航空、木棉洲际航

[①] MK航空(MK Airlines)是一家由Michael Kruger创办且拥有的货运航空公司,成立于1990年,1991年开航,主要飞行于欧洲与非洲加纳的货运航线。其主要机场是比利时的Ostend国际机场,枢纽是英国的Kent国际机场。在英国与加纳设有营业据点。

空等。木棉国际航空公司是赤道几内亚的国家航空公司，提供飞往西非的客运与货运服务，枢纽机场是马拉特机场。

3. 巴塔机场

巴塔机场（西班牙文：Aeropuerto de Bata）是赤道几内亚第二大机场，仅次于马拉博机场。巴塔机场位于巴塔北部，有一条长2.5千米的跑道，但是没有灯光，在昏暗的环境下（例如晚上或有雾天气）不能起降飞机。机场主要服务于马拉博和邻近国家，能够起降一架波音737飞机。2001年，巴塔机场旅客吞吐量为15000名乘客。另外，塔台的频率是118.8VHF。

其航空公司及航点有木棉国际航空（安诺本、杜阿拉、利伯维尔、马拉博）、GETRA（马拉博）。

（三）海运

1. 发展概况

赤道几内亚的海运业相当落后，马拉博和巴塔是其重要的海港。

1972年，中国向赤道几内亚提供了一艘客货两用轮船"马妮·艾拉"号。"马妮·艾拉"号船载重3200吨，可载客100人，续航能力4800海里。1997年失火被毁。

1998年12月，巴拿马一家海运公司下属的"里奥·坎波"号客货两用船承担了马拉博—巴塔—安诺本—圣多美和普林西比—喀麦隆等国内、国际航线的客运与货运业务。

近年来，赤道几内亚的海运业有了一定发展。2000年10月，赤道几内亚政府购买了"德吉洛河"号客货两用船，开通了巴塔—马拉博—安诺本及赤道几内亚到部分欧洲港口的货运业务。"德吉洛河"号可以装载4个集装箱、40辆汽车和700名旅客。

2000年，马拉博港的吞吐量为408.26万吨，其中出口量为375.15万吨。2003年4月，卢巴新港落成。2007年，巴塔港启动改扩建工程。

2. 主要港口

巴塔港 巴塔港口位于赤道几内亚共和国大陆陪都巴塔市，地处非洲中部，濒临大西洋几内亚湾东南侧，距离巴塔市约1千米，于1972年建造。码头呈"L"形，直接从陆地延伸至大海，既可同时停靠8艘船装卸木材及集装箱，又可停靠客轮、油轮，是一个综合性码头。巴塔港共有3艘400马力的小拖轮、1艘800马力的小拖轮，靠泊时出动3条拖轮协助作业，靠泊方法采用系浮筒抛开锚与部分缆绳系码头相结合的方法，并使船与码头保持2~4米的距离。这样做是防止海浪摇动船只撞击损坏码头，这种系泊方法是世界上独有的。巴塔港潮差只有1米，因此受潮汐影响较小。巴塔港附近有绵长的天然沙滩海岸和热带树林，以及许多面向大海的小酒吧，供游客游玩休息。当地盛产椰子、木瓜，在非洲是一个风景独特的港口。[①]

巴塔港由中国路桥公司和摩洛哥公司联合进行改造扩建后，拥有两个1万吨级成品油泊位、10个1万~5万吨级散杂货通用泊位；通用码头散杂货的设计年吞吐量超过500万吨，集装箱为50000标准箱，油码头为230万吨。2011年，巴塔港货物吞吐量为155万吨。2014年12月，由中国承建的巴塔港改扩建一期和二期工程竣工。巴塔港改扩建工程从2009年10月开始动工，包括一期

---

① 谢文瑞：《巴塔（BATA）港简介——赤道几内亚 EQUATORIAL GUINEA》，《科技致富向导》2012年第30期。

2万吨码头和二期5万吨集装箱码头，主要涉及防波堤码头、集装箱堆场、道路、办公楼以及附属房建工程。赤道几内亚政府有意将巴塔港打造成中部非洲地区枢纽中心港，使赤道几内亚成为中非地区的航运中心。

马拉博港 马拉博港位于赤道几内亚第一首都马拉博市区，2008年货物卸载量为50万吨。扩建完成后（摩洛哥公司承建）泊位和吞吐量会增长数倍。2011年，马拉博港货物吞吐量达到268万吨。港区主要码头泊位有3个，岸线长600米，最大水深9米。装卸设备有各种岸吊、汽车吊、铲车及驳船等，还有直径为152.4毫米的输油管。另有一个突提码头，可泊吃水8米的油船。

二 邮政

赤道几内亚的邮政服务非常落后，邮政网点少，部分地区至今没有通邮。邮政服务主要集中在大城市，小城镇和边远地区的邮政服务不发达。EMS、DHL和FedEx等快递公司在主要城市开通业务。随着经济的发展，赤道几内亚政府和相关部门加大了对邮政部门的投入与建设力度，主要措施有：增加服务网点，加强邮票的发行，完善邮政管理制度；增加从业人员和加强从业人员培训，加强国际交流。目前，赤道几内亚已经加入万国邮政联盟，提供国际特快专递服务，大多数国际邮件均能到达目的地。

三 通信

（一）发展简况

殖民统治导致赤道几内亚的通信业发展起步甚晚，目前，赤道几内亚的通信领域整体仍比较落后。不过，赤道几内亚政府十分重

视通信业的建设和发展，逐步加大了对通信业的投入，积极引进国外先进的通信技术，通信业渐渐能够满足人民群众的需要。

1996年，在法国的援助下，马拉博和巴塔两市安装了新的程控电话数据网。尽管如此，边远省份也仅仅在省府城市有一个电话亭，里面装有两部电话和一部传真机。涅方、马沁达、米科梅森、埃贝比因等城市都是如此。例如，蒙戈莫市1996年也仅仅装有40部室内座机电话，其他小镇电话的普及率就更低了，将近30个中小城镇的电话机总数不到100部。到2002年，赤道几内亚固定电话用户增长到5896户，2004年超过10000户。最近几年，赤道几内亚通信业务发展较快，主要城镇都接通了程控电话，2010年赤道几内亚有固定电话用户1.35万户。赤道几内亚同西班牙、法国、美国、中国等国家和地区的国际通信业务基本畅通。

1997年，马拉博和巴塔两市开始安装移动通信系统。近年来赤道几内亚移动电话发展速度很快，但功率低、覆盖面积很窄。以巴塔市为例，出城7千米就没有手机信号，而且经常出故障，无法发送和接收信息。2001年12月底，手机用户为17570户，比2000年增长236.8%；2002年12月达到28684户，同比增长63.3%。移动电话用户增长迅速，2003年超过50000户。2000~2007年，手机用户平均增长率达80%。2004年9月，继蒙戈莫、埃贝比因之后，安诺本岛也开通了手机通信服务。2009年底，第二大运营商HITS开始办理手机通信业务。2012年2月，由中国中兴通讯股份有限公司与赤道几内亚政府合资成立的赤道几内亚通信公司（GECOMSA）开始营业，拥有移动电话用户42.6万（2011年）、互联网用户1.44万（2009年），互联网国际总带宽为32G。值得一提的是，赤道几内亚市场上销售的手机多为中国制造，尤其是带有摄像、录音功能的机型,不但为赤道几内亚人所喜爱,而且成为赤道几内亚高官相互馈赠的礼品。

随着经济发展,人民收入增加,赤道几内亚开始大规模地开展基础设施建设。因特网建设开始起步,最开始只向消费者提供上网线路等,网络用户大多集中在城市。从目前的情况看,赤道几内亚的有线电视网、网络高速路-宽带、可视电话等发展程度较低,尚有待进一步发展。2005年6月,赤道几内亚电信公司开办了宽带业务。2010年,赤道几内亚宽带网络用户约为42000户。

目前,赤道几内亚电话和互联网业务的主要运营商为赤道几内亚与法国电讯合资的电信公司 GETESA。2010年,赤道几内亚成立第二家电信运营商 HITS。2012年3月,赤道几内亚已拥有 GETESA、GUINEANET、GECOMSA 等多家互联网运营商。2015年2月17日,赤道几内亚电信公司总经理姆巴与穆尼通信公司(MUNI)总经理博科古分别代表各自公司签署合作协议,赤道几内亚通信部部长巴哈蒙德、通信事务国务秘书恩索诺、通信管理局局长米克出席仪式。根据该协议,两公司技术人员将在共享西非海底光缆、技术服务等领域开展技术合作,届时,赤道几内亚网络服务将有望得到极大改善,网络资费最多下降60%。同时,巴哈蒙德还号召另一通信巨头赤道几内亚通信有限公司(GECOMSA)也加入这一合作,共同提升通信服务水平。

(二) 通信资费

1. 电话资费

赤道几内亚电话现行收费标准(2004年)为:座机与座机通话(城市间),250 中非法郎/每分钟(不含税);手机与座机通话(城际间),320 中非法郎/每分钟。

国际长途电话计费标准一般指座机即电信局的长途电话计费标

准。移动电话的计费标准是在座机计费标准上每分钟再加100中非法郎；与西班牙、法国的通话费用为1100中非法郎/每分钟；与非洲的马里、塞内加尔等地的通话费用为1500中非法郎/每分钟；与中国的通话费用为1720中非法郎/每分钟；与世界其他国家的通话费用为2400中非法郎/每分钟。

赤道几内亚国家代码为00240，电话号码是九位数。目前赤道几内亚主要有3家电信公司：HITS（美国）、GETEA（法国）和GECOMSA（中兴通信与赤道几内亚合资）。平均资费情况为：短信25中非法郎，电话150中非法郎/分钟，国际长途因国家而异，各公司差别不大。

2. 因特网服务资费

在赤道几内亚，初次申请上网需交纳10000中非法郎，以后每月交纳6000中非法郎作为基数，上网费为每分钟60中非法郎。

移动电话用户应与电信公司签订一份合同，费用介于15000~20000中非法郎。通话卡面值分5000中非法郎、10000中非法郎、20000中非法郎不等，可以提供1个月或2个月的线路使用期限，过期即断线[①]。

第五节 财政与金融

一 财政

西班牙长期的殖民统治和经济掠夺，导致了赤道几内亚的长期

---

① 继线，即只能接听电话，不能打出电话。

积弱，国家财政和金融完全控制在宗主国手里。在独立后的相当长时期内，这一格局基本上没有太大的变化。

20世纪七八十年代，赤道几内亚的经济财政改革没有达到预期目的，国家财政总体上没有多大改善。财政来源极为有限，主要依靠可可等农作物的出口创汇，以及贷款和国际援助，国家债务负担沉重。可喜的是，近年来，随着石油的大量出口，赤道几内亚经济发展较快，国家收入大幅增长，财政紧张状况有所缓解。1995年，赤道几内亚的外汇储备仅为4万美元；1997年增至490万美元；由于外部经济环境恶化及政府开支大幅增加，1998年底下降到80万美元。1999年，赤道几内亚的预算总收入为885亿中非法郎，总支出为870亿中非法郎。1998年，赤道几内亚的外债总额4亿美元，为世界上人均负债最多的国家之一。

2000年以来，随着全球石油价格上涨，赤道几内亚从石油出口中获得了巨大收入，财政状况好转，2003年首次出现盈余。2005年，赤道几内亚公布法令，中央政府把每年财政收入的10%拨给地方政府用于地方建设项目。近年来赤道几内亚外汇储备和外债增长较快，2013年分别为40亿美元、21亿美元。

2013年，赤道几内亚财政状况如下：财政收入68.37亿美元，财政支出67.95亿美元，税收占GDP比重为40%，公共债务占GDP比重为11%；通胀率为（CPI）6%，世界排名第173；狭义货币量M1 30.01亿美元，世界排名第114；广义货币量M2 33.82亿美元，世界排名第142；居民贷款余额4.24亿美元；经常项目账户-29.16亿美元，世界排名第157；外汇和黄金储备40.27亿美元，世界排名第101；外债21.04亿美元，世界排名第143。

全球石油价格的持续走低，以及石油和天然气生产量的减少将导致2014～2018年赤道几内亚财政收入不断减少。为增加财政收入，政府只好提高海关关税和扩大所得税税基，但这遭到各部门尤其是非石油部门的反对。为减少阻力，政府决定维持2003～2013年的财政政策，即通过扩大基础建设需要来扩大财政支出，从而为增加税收找理由。

但是，加大基础设施建设及促进社会发展的做法意味着支出将居高不下，这必然动摇财政紧缩政策。2013年，赤道几内亚财政略有盈余，占GDP的0.3%；2014年财政出现赤字，赤字占GDP的2.2%。随着石油天然气产业收入的下降，财政赤字将会逐渐扩大，预计到2018年将达到GDP的3%，其带来的风险将远高于我们的估计。

二　金融

（一）银行业、保险业

独立前，赤道几内亚有几家西班牙控制的银行。独立后，赤道几内亚成立了自己的国家银行，但由于缺乏相关的管理专业人才，国家银行经营不善。1983年12月，赤道几内亚加入中非关税和经济同盟（Customer and Economic Union of Central Africa, CEUCA），1984年加入中部非洲国家银行[①]和中非法郎区，取消了本国的中央银行。中非国家银行发行共同的货币"中非金融合

---

① 中部非洲国家银行，中文简称中非国家银行，英文简称BEAC，是中部非洲喀麦隆、中非共和国、乍得、刚果（布）、赤道几内亚和加蓬六国的中央银行，成立于1972年，总部设在喀麦隆首都雅温得，现任总裁为加蓬人菲利斯。中非国家银行作为中非经济与货币共同体的中央银行，服务国家包括上述六国。

作法郎",实行基本一致的金融政策。至今,6个成员的货币政策基本上实现了统一,在中非国家银行的指导下制定和调整本国的金融政策。因此,赤道几内亚现在的国家法定货币是中非法郎。

1985年赤道几内亚信贷银行倒闭后,赤道几内亚一直没有国家银行。2006年4月,菲律宾商业银行和赤道几内亚政府商定共同组建赤道几内亚国家银行;9月,赤道几内亚国家银行开业。近年来,赤道几内亚银行业有较大发展,2015年有4家银行经营业务,主要顾客为在赤道几内亚的外国公司。赤道几内亚主要的商业银行有赤道几内亚国家银行(National Bank of Equatorial Guinea, BANGE)、法国投资的赤道几内亚兴业银行(Societe General de Banques en Guinea Equatoriale, SGBGE)、喀麦隆投资的CCEI银行、多哥投资的Eco银行和加蓬投资的BGFI银行。

保险业发展较慢,全国有3家保险公司和1家再保险公司。

(二) 货币与汇率

赤道几内亚作为中非经济与货币共同体成员国,近年来金融环境相对稳定。赤道几内亚使用中非法郎,与人民币不能直接结算。中非法郎与欧元挂钩,实行固定汇率,1欧元等于655.957中非法郎。中非国家银行和商业银行按此汇率同法国法郎进行外汇交易。其他一些外汇的汇价由官方根据法国法郎的固定汇率和巴黎外汇市场上有关货币的汇率套算挂牌,同美元的汇率一直较为稳定,通货膨胀率估计为6%。新的中非法郎发行以来,币值一直随欧元变动,币值和汇率也相对比较稳定。近年来,由于美元一直处于下滑状态,中非法郎升值,2008年年中达到1美元兑换419中非法郎的历史最高水平。2008年9月美国金融危机爆发后,美元与欧元之间的汇率涨落不定，中非法郎也随之变动。2008～2012年，1美元分别兑换448中非法郎、472中非法郎、506中非法郎、498中非法郎和511中非法郎。

在2014年以前的10年里，赤道几内亚的通货膨胀率始终高于其他法郎区国家，并且随着石油经济的繁荣产生了所谓的"荷兰病"① 效应——劳动力成本和非贸易产品（服务和房地产）价格大幅上升。然而，2014年大宗商品价格的适度下降和宽松的公共部门需求导致平均通胀率从2013年的6%下降到5.6%。随着财政政策逐步紧缩，食品价格继续下跌，货币保持稳定，2015～2016年的平均通胀率进一步放缓至5.2%。预计近两年可看到新的非石油商品价格上涨的情况。当然，由于经济增长缓慢，民众期望当地价格上涨的速度能够慢一点，预计2017～2018年平均通货膨胀率为5.6%。

（三）外汇管理

赤道几内亚实行严格的外汇管制，不实行外汇配给，其和中非国家经济与货币共同体成员国之间的外汇进出不受限制。外商在赤道几内亚投资需事先申报，未分配利润再投资不需事先申报。汇往中非国家经济与货币共同体成员国以外地区的资金，其金额若超过100万中非法郎，则须事先获得政府管理部门的批准。此外，赤道

---

① 荷兰病（the Dutch Disease），是指一国特别是指中小国家经济中的某一初级产品部门异常繁荣而导致其他部门衰落的现象。20世纪50年代，已成为制成品主要出口国家的荷兰发现大量石油和天然气，荷兰政府大力发展石油业、天然气业，出口剧增，国际收支出现顺差，经济呈现繁荣景象。可是，蓬勃发展的天然气业却严重打击了荷兰的农业和其他工业部门，削弱了出口行业的国际竞争力，到20世纪80年代初期，荷兰受到通货膨胀率上升、制成品出口下降、收入增长率降低、失业率增加的困扰，国际上称之为"荷兰病"。

几内亚允许外籍劳工汇出部分个人所得。

赤道几内亚的外汇现由西非国际银行－赤道几内亚（BIAOGE）经营，不管是官方外汇还是私人外汇，一旦进入该银行，就会立即兑换成当地中非法郎。企业或个人只要符合赤道几内亚投资优惠和财政法中规定的优惠政策，买卖外汇一般都会被批准。股息、资金回收、利润、外债的本金、租金、矿山使用费与管理费、清算中的盈利等都可以在缴纳相关税费后汇寄到境外。

赤道几内亚对外汇入境没有限制，但禁止携带5万以上中非法郎现金出境；个人携带外汇出境金额不能超过入境申报的外汇金额。①

中非国家银行成员国间进行交易时不收取手续费，向非成员国汇款收取0.5%的手续费，但以下情况不收手续费：与中央和地方政府业务有关的汇款；由银行签发许可证的进口支付；按计划归还正当获得的国外贷款；由政府及其代理机构支付的官方使团的旅游配额和官方代表费用；支付保险费。对外汇买卖既不征税也不补贴。出于统计需要，业务账户国家超过50万中非法郎的所有资金转移必须向当局申报。

1. 外汇管理机构

赤道几内亚财政部的经济管理和对外融资理事会负责外汇管理。与所有国家的外汇交易必须通过指定的经办机构（邮政机构和指定银行）办理。进口许可证由工商业部签发，黄金进口许可证由矿业、工业和能源部签发，出口许可证由财政部签发。

---

① 《对外投资合作国别（地区）指南·赤道几内亚》（2013年版），http://www.mofcom.gov.cn/article/i/dxfw/gzzd/201408/20140800700393.shtml。

2. 对外结算货币

自从成为业务账户国以后，赤道几内亚与法国（及其海外领地）、摩洛哥和其他业务账户国的结算使用中非法郎、法国法郎或任一业务账户国货币办理；与其他国家的结算通常通过在法国的代理行使用这些国家的货币办理，或使用法国法郎通过法郎外汇账户办理。

3. 支付管理

非贸易外汇管理。一般而言，在向非业务账户国的非贸易支付超过50万中非法郎时必须事先申报但允许自由办理；对其他国家的非贸易支付必须经财政部批准。在基本贸易已经得到批准或无须批准时，与贸易有关的非贸易支付可自由办理。非居民以利润、股息和专利费形式得到的收入经申报后也允许自由汇出。非居民旅行者最多可携出入关时所申报数额的外国钞票和硬币，如果没有申报，最多可携出5万中非法郎的外国钞票和硬币。

4. 黄金管理

居民可自由持有、获得、处置黄金首饰。以其他任何形式持有黄金必须经过矿业、工业和能源部批准，一般只批准工业用户和首饰商。新近开采的黄金必须向矿业、工业和能源部申报，由该部决定是用于出口还是出售给国内工业用户。赤道几内亚只向法国出口黄金。黄金的进出口必须事先得到矿业、工业和能源部以及财政部部长的批准，财政部部长很少批准进口黄金。黄金进出口不必事先批准的情形有：代表货币当局进出口黄金；含少量黄金的制成品（如充金或镀金的商品）的进出口。进口黄金无论是事先需要批准的还是不必批准，均须向海关申报。

第六节 旅游业

一 概况

早年由于受经济落后的影响,赤道几内亚旅游业不发达,其产值在国民经济中的比例很低。落后的基础设施和其他配套设施也制约了旅游业的发展。国内的旅行社、饭店、宾馆数量很少,交通不发达,从业人员数量不多。

近年来,由于经济快速发展和国家财政改善,赤道几内亚政府得以将一定的财力投入到旅游业的建设上来。为改变旅游业落后的状况,赤道几内亚政府加大了对旅游资源的开发力度,设立文化与旅游部直接对旅游产业的发展进行系统管理及整体规划。赤道几内亚政府鼓励外来资本投资旅游业,积极扶持宾馆和交通建设。目前,宾馆、饭店的数量正在快速增长,通往主要旅游景点的道路也已开工建设,一些公路已经竣工并投入使用,并开通了到旅游地的航班。其他如度假村、别墅和新景点的开发和建设,都在紧锣密鼓地进行。巴塔地区有关部门还规范了服务业的从业人员,要求各宾馆的服务人员统一着装,对人员进行从业培训等。

随着人民生活水平提高,赤道几内亚人纷纷外出旅游,与其他来赤道几内亚的外国游客一起推动了赤道几内亚旅游业的发展。宾馆、交通和其他设施的建设,推动了其房地产业的发展,使房地产业快速升温。在第一首都马拉博,一栋包括院落不到100平方米的两层小楼的月租超过200万中非法郎。不少人也私自盖房出租给游

客，而且生意不错。

由于开发前景诱人，各航空公司纷纷开通到赤道几内亚的航线，现已有每周两次的法国航空、瑞士航空、荷兰航空、美国航空公司以及每周三次的两个西班牙航空公司的班机来往赤道几内亚。由于游客较多，航班较为繁忙。可以说，旅游业的发展带动了赤道几内亚的交通建设，给赤道几内亚经济的发展注入了动力。

二　旅游资源

赤道几内亚国家虽小，但其独特的民族风情、迷人的热带自然景观令人向往，吸引了众多观光游客。

赤道几内亚是一个多民族国家，民风民俗极具特色，是赤道几内亚旅游业的一个重要特点，对来自亚洲和欧美的游客具有一定的吸引力。其中，热闹的民间集体舞、神秘的芳族男青年成年民间教育、民族特色浓郁的芳族人居住的古老"村屋"、古朴原始的芳族人的祖先崇拜和充满喜悦的布比族的芋头节，常常令游客大开眼界。热情、好客和彬彬有礼的赤道几内亚人民更是让游客有宾至如归的感觉。

第一首都马拉博是赤道几内亚最大的旅游城市，市内整齐的林荫大道、现代化的建筑和古老的土屋错落有致，景色十分迷人。另外，经过赤道几内亚政府的努力，位于马拉博市中心的大教堂已被联合国教科文组织定为人类保护遗产，对游客开放。

大西洋海岸的海滩和日落也令人印象深刻，安诺本岛上的白沙滩、马拉博峰南部的莫卡湖等均是赤道几内亚知名的景点。

第七节 对外经济关系

一 对外贸易

(一) 发展历程

独立前,赤道几内亚是西班牙的殖民地,被纳入宗主国的经济体系,成为其原材料供应地和商品销售市场,对外贸易成为出口原料、换回必要的生活物资的手段。独立后,外贸已由本国掌握,但出口原材料换回必要的生活物资的格局并未发生根本性变化,其居民生活必需品和生产资料大多依赖进口。20世纪90年代以前,可可和木材的出口创汇一直是国家经济的主要来源。所以,可可的出口在对外贸易中占有重要地位。独立后,赤道几内亚的对外贸易一直为国家所垄断。主要进口国是西班牙、喀麦隆、法国和美国;主要出口国是日本、西班牙和中国,主要出口商品是石油、木材、咖啡、可可。

赤道几内亚实行自由贸易政策,没有进口配额限制,但实行进口许可证制度。所有商品须持有进口许可证才能入关。对进出口商品要求有运输凭证和SGS公司的检验证书。关税税则为《布鲁塞尔税则目录》。2010年,几种日常商品的关税税率如下:摩托车76%,录像机、钟表65%,服装54%~65%,鞋类、床上用品59.5%,电冰箱56%~75%,组合音响54%,自行车、缝纫机、食用油、电风扇48.5%,电视机43%,灯具32%,大米、面粉15.5%。计征关税需要提交由西班牙文填写的发票(一式三份),发票上要有签字,传真件无效。

（二）基本情况

1. 贸易总量

根据世界贸易组织的统计数据，2007 年，赤道几内亚货物贸易进出口总额为 129.7 亿美元。其中出口 102.1 亿美元，比 2006 年增长 24%；进口 27.6 亿美元，比 2006 年增长 37%。2013 年出口达到 154.4 亿美元，进口为 79.43 亿美元（见表 4-10）。根据 WTO 发布的数据，2015 年，赤道几内亚货物进口额和出口额分别为 42 亿美元和 67 亿美元，同比下降 25% 和 47%。

2. 主要贸易伙伴

赤道几内亚的主要贸易伙伴有美国、西班牙、中国、韩国、德国、意大利和荷兰等。

3. 贸易结构

赤道几内亚主要的出口产品有原油、木材、可可和咖啡，主要的进口商品有石油加工产品、石油生产设备、建筑材料、公共设施产品、日常生活用品等。

4. 全球贸易协定

赤道几内亚尚未加入世贸组织，目前是世贸组织观察员国。2007 年 2 月，赤道几内亚政府向世贸组织提交了加入世贸组织的申请书。

5. 区域贸易协定

赤道几内亚是中非经济与货币共同体、中非国家经济共同体成员国。

6. 吸收外资

联合国贸易和发展会议发布的 2013 年《世界投资报告》显示，2012 年，赤道几内亚吸收外资流量为 21.2 亿美元；截至 2012

年底，赤道几内亚吸收外资存量为135亿美元。赤道几内亚的外资主要来自美国石油公司，以及摩洛哥、埃及、意大利、法国和中国的部分承包工程企业。

表4-10 2013年赤道几内亚外贸情况

项目	金额	排名
2013年出口	154.4亿美元	世界排名：第78位
主要出口商品	石油、液化天然气、木材	
出口主要目的地	日本(18.8%)	
	法国(16.1%)	
	中国(11.7%)	
	美国(11.3%)	
	荷兰(7.2%)	
	西班牙(7.1%)	
	意大利(5.1%)	
2013年进口	79.43亿美元	世界排名：第110位
主要进口商品	石油天然气装备,建筑材料,汽车,其他机械设备	
进口主要来源地	西班牙(18.4%)	
	中国(17.4%)	
	美国(11.1%)	
	法国(8%)	
	意大利(5.9%)	
	科特迪瓦(5.3%)	
	巴西(4.4%)	

资料来源：《2013年赤几外贸情况》，中华人民共和国驻赤道几内亚共和国大使馆经济商务参赞处网站，http://gq.mofcom.gov.cn/article/ddgk/zwjingji/201408/20140800712703.shtml。

（三）与中国的经贸情况

1. 贸易数据

根据中国商务部统计，2012年，中国与赤道几内亚双边贸易额为21.83亿美元，同比增长12.6%。其中，中国向赤道几内亚出口3.62亿美元，同比增长35.9%；从赤道几内亚进口18.21亿

美元，同比增长8.9%。2013年，中国与赤道几内亚双边贸易额为28.3亿美元，同比增长29.5%，在非洲地区排名第16位，其中中国向赤道几内亚出口3.6亿美元，同比减少1.2%，主要出口产品为建材、机械设备等；从赤道几内亚进口24.7亿美元，同比增长35.6%，主要进口产品为石油、液化天然气、木材等。2015年，中国与赤道几内亚双边贸易额为14.3亿美元，同比下降59.9%；其中，中国向赤道几内亚出口2.64亿美元，同比下降25.2%，中国从赤道几内亚进口11.67亿美元，同比下降63.7%。

2. 贸易结构

据中国海关统计，近年来，中国向赤道几内亚出口商品的主要类别包括：①电机、电气、音像设备及其零部件；②钢铁制品；③锅炉、机械器具及零件；④车辆及其零部件，但铁道车辆除外；⑤家具、寝具、灯具、活动房；⑥橡胶及其制品；⑦塑料及其制品；⑧陶瓷产品；⑨船舶及浮动结构体；⑩针织或钩编的服装及附件。

据中国海关统计，近年来，中国从赤道几内亚进口商品的主要类别包括：①矿物燃料、矿物油及其产品、沥青等；②木材及木制品、木炭；③盐、硫黄、土及石料、石灰及水泥等。

3. 贸易关系

中国政府和赤道几内亚政府分别于2004年7月14日和2005年6月24日换文确认中国政府把同中国有外交关系的非洲最不发达国家输华商品零关税待遇受惠商品的范围由190个税目扩大至442个税目。

4. 投资

据中国商务部统计，2012年中国对赤道几内亚的直接投资总额为1.39亿美元。2013年，中国对赤道几内亚的非金融类直接投资总额为3492万美元，在非洲国家排第20位；2014年1~2月，中国在赤道几内亚的非金融类直接投资总额为4516万美元，在非洲地区排第5位。

二 外国援助

外国援助在赤道几内亚的经济生活中占有极其重要的地位。历史上，赤道几内亚对外援的依赖很强，在很长时间里，外国的贷款和捐赠是赤道几内亚的主要财政来源之一。历史上，援助主要来自西班牙、法国、欧盟和联合国有关机构等。

1979~1986年，西班牙提供的援助高达170亿比塞塔。1989年，西班牙再次提供20亿比塞塔的经济援助，并减免了赤道几内亚的部分债务。赤道几内亚成为接受西班牙援助最多的国家，西班牙则成为赤道几内亚的最大援助国。20世纪90年代，西班牙每年援助赤道几内亚35亿比塞塔，1994年因故停止。经协商，西班牙于1999年12月恢复了对赤道几内亚的官方援助。1999年，西班牙援助总额为150亿比塞塔。法国是赤道几内亚的第二大援助国。在法国的大力援助下，赤道几内亚加入了法国主导的中非国家银行和中非法郎区，法国基本上承担了赤道几内亚加入这两个组织的所有费用。之后，法国加强了对赤道几内亚的援助。2005年，西班牙、法国分别向赤道几内亚提供了2390万、420万美元的官方援助。

中国也是重要的援助国，不仅向赤道几内亚提供了长期低息、无息贷款，而且向赤道几内亚派出医疗队，为赤道几内亚人民提供医疗服务。另外，中国还参与赤道几内亚的经济建设，为赤道几内亚修建公路、医院、广播站，以及维修轮船和提供通信技术服务等。

赤道几内亚

此外，2006年美国阿美拉达·赫斯公司向赤道几内亚政府捐赠4000万美元，用于赤道几内亚儿童教育和政府官员培训；8月，阿美拉达·赫斯公司和赤道几内亚政府签署教育合作协议，提供2000万美元帮助赤道几内亚发展基础教育。

联合国、世界银行和国际货币基金组织也是重要的援助者。1982年，在上述机构的主导下，国际援助赤道几内亚会议在日内瓦召开，会议决定向赤道几内亚提供1.4亿美元的援助。1988年，国际援助赤道几内亚会议通过上述决定，以支持赤道几内亚的中期投资计划（1989~1991年）。1988年，国际货币基金组织赠予赤道几内亚1.17亿美元的特别款项，鼓励赤道几内亚实施经济结构调整计划。世界银行也对赤道几内亚的经济结构调整提供指导和建议。2002年，世界银行重新启动同赤道几内亚政府的合作，合作领域包括交通、公路建设、港口整修和人力资源培训等。世界卫生组织、联合国开发计划署和联合国儿童基金会同赤道几内亚国分别签署了2002~2003年合作行动协议和2002~2006年合作计划。非洲开发银行也加大了对赤道几内亚的援助力度。2005年4月，联合国开发计划署与赤道几内亚政府签署协议，联合国在5年内向赤道几内亚提供900万美元用于防治艾滋病。2006年7月，联合国人口基金向赤道几内亚政府捐赠了价值15.7万美元的药品。

三 外来投资

自从20世纪90年代启动油气开发计划后，赤道几内亚经济快速发展，创下经济增幅连续10年保持25%以上的奇迹。2015年，赤道几内亚人均GDP已超过2万美元，位列非洲第一。截至2012年底，赤道几内亚累计引资130亿美元，名列非洲前茅。

第四章 经　济

赤道几内亚发展经济和吸引外资的主要优势有三。第一，稳定的政局。赤道几内亚总统奥比昂是非洲现任领导人中执政时间最长的，执政经验丰富，推动国家发展的意愿强烈，为保证国家政局稳定和政策连续性提供了有力的保障。奥比昂总统重视开展对外经济合作，多次访问外资企业总部，并亲自为外国企业家颁发奖章。第二，优越的地理位置。赤道几内亚位于中、西部非洲交会处，海陆空交通便利，得天独厚的区位优势决定了其可兼收并蓄地利用中非国家经济共同体和西非国家经济共同体两大次区域组织发展红利。此外，赤道几内亚还同伊比利亚美洲国家西班牙语成员国具有相通的历史文化背景，"朋友圈"丰富多彩，有利于吸引各方投资。第三，丰富的能源资源。20世纪90年代，赤道几内亚已探明石油储量56亿桶，天然气储量370亿立方米，现为撒哈拉以南非洲第三大产油国和第二大天然气生产国；海上专属经济区面积达31.2万平方公里，蕴藏丰富的鱼类资源；享有"森林王国"的美誉，全国森林覆盖率达80%，森林面积约220万公顷，盛产奥堪美木、黑檀木等名贵木材。第四，较完善的基础设施。赤道几内亚道路、机场、港口、住宅、电力等基础设施的完善程度在中西部非洲首屈一指。全国公路网基本成型，总里程达4000公里。机场、港口各5个，主要港口马拉博港和巴塔港已扩建完成，年吞吐量合计达700万吨。多个电站、电网项目已经建成并投入使用，全国电力供应较为稳定。在这些项目中，"中国印记"随处可见，中国已成为赤道几内亚第一大工程承包方和主要投资方。

近两年，国际油价下跌对产油国经济影响较大。赤道几内亚政府着眼于"后石油时代"，大力推进经济多元化和工业化，将农牧渔业、石化业、矿业、旅游业和金融服务业作为国家发展战略产业，通过设立国家投资基金和控股公司重点扶持。

第五章
文　化

　　赤道几内亚的教育学制由小学、中学和大学三个阶段组成。在政府的努力下，教育水平稳步提升，教育规模逐渐扩大，国际教育交流和留学生工作也取得一定进展。赤道几内亚的西班牙语文学在非洲诸国独一无二。马西埃独裁统治时期，赤道几内亚的文学事业几乎被摧毁，1979年后才逐渐复苏。当代最有名的文学作品是吉列米娜·梅库依的《三心一意》。赤道几内亚政府重视体育工作，积极参加国际体育比赛，成功举办非洲国家杯等大型体育活动。新闻出版事业也稳步发展。

第一节　教育

一　发展概况

（一）学制

　　赤道几内亚的教育体系由小学、中学和大学三个阶段组成。小学学制为5年，分为初小（3年）和高小（2年）；中学学制为7年，分为初中（4年）和高中（3年）；赤道几内亚有3所大学，此外还设有学前教育和成人培训学校。赤道几内亚的教学以西班牙

语为主。

（二）发展水平

赤道几内亚的教育原来较为落后，文盲占人口的大多数，不少学龄儿童因家庭经济困难无法上学，但经过现政府的努力，这种情况已经有了较大改善，教育水平稳步提升，教育规模逐渐扩大。

据不完全统计，现在赤道几内亚的适龄儿童都能进入公立免费小学学习。其中，40%~60%的女童和60%~80%的男童能够读到小学毕业；30%~40%的女童和50%的男童能够就读到初中毕业。相对而言，高中以上学历人数偏少。7500多名政府公务员中，仅3.2%的人具有大学学历。

赤道几内亚的学校主要集中在第一首都马拉博、巴塔和其他省府或县级城市。政府即使对这些学校加大投资，也不能满足城区学生旺盛的入学需求。城市中的公立小学往往人满为患，一个班级多达80名学生，学校缺乏体育器材、图书室等必要的教学设施。相比较而言，乡村和边远地区的学校学生数量逐年大幅度下降，出现了大量的小规模学校。这些学校一个班学生不足30人，甚至更少。在赤道几内亚快速的城镇化发展过程中，城乡教育发展不均衡问题开始凸显。

（三）规模

1. 学前教育

2007年，赤道几内亚拥有学前教育中心300个，教师596人，学生16654人。

2. 小学

2007年，赤道几内亚有小学848所，其中公立600所，私立248所。

3. 中学

赤道几内亚现有中学51所，其中公立27所，私立24所。中学均设在城镇，马拉博和巴塔集中了全部中学生的73%。有教师940人，平均每22名学生有1名教师。

4. 大学

赤道几内亚有赤道几内亚国立大学、奥比昂农业学校、西班牙函授大学3所高等教育学校。赤道几内亚国立大学由大学本部及设在马拉博和巴塔的师范、卫生、农业、行政管理等6个学院组成，其中两个学院是培养教师的高等师范学院。根据2007年相关统计数据，赤道几内亚国立大学在校学生2373人，教职工179人。

5. 职业教育和成人教育

赤道几内亚的职业培训由工作培训和技能培训两部分组成，每部分的培训时间为3年。培训的对象是小学毕业生。培训专业有电力、汽车修理、铸工、机床、木工和建筑等。完成工作培训且考试合格者，可进入技能培训。赤道几内亚政府在马拉博设有"十月十二日就业培训中心"，由西班牙的援外机构于1980年援建，由赤道几内亚劳动部管理。赤道几内亚政府在巴塔建有"莫德斯托核内工学院"，2005年在马拉博建成"石油技工培训中心"，为石油工业培养钳工、木工和机修工。赤道几内亚虽然设有上述职业和就业培训学校，但缺乏合格的师资力量以及部分必要硬件设施，加之职业技术培训运转体系不健全，故难以培养出合格人才。

（四）政府对教育的重视

1. 重视教育投入

赤道几内亚政府重视对教育的投入，并与国际组织和一些外国公司合作改善学校办学条件。如 2004 年赤道几内亚政府和联合国开发计划署联合拟定了耗资 520 万美元的"让全国人民接受教育行动计划"。该计划的主要内容为加快教师培养速度,以实现在 2012 年底以前让所有儿童接受初等教育的目标。为此,联合国开发计划署协助赤道几内亚政府对全国范围内的 2000 多名教师和教育工作人员进行了培训。

2013 年 11 月,赤道几内亚政府实施了"让全国人民接受教育行动计划"第二阶段的工作,主要内容是采取措施保障公民享有平等接受教育的权利。2014 年,赤道几内亚第二副总理兼教育与科技部部长恩圭马同美国阿美拉达·赫斯公司副总经理华纳签署了教育协议,教育与科技部副部长埃伊、国务秘书昂多和恩苏埃出席签字仪式。

2. 政府领导人积极参加学校活动

赤道几内亚领导人和教育部负责人常常参加学校活动,以表明政府对教育的重视。2013 年 11 月 27 日,赤道几内亚国立大学部分师生、各学术机构负责人、民众代表齐聚马拉博教堂进行弥撒活动,庆祝赤道几内亚教师节。教育与科技部部长恩圭马出席活动并发表讲话,鼓励青年树立远大志向,实现抱负,回馈社会,并强调教育工作者责任重大,要为人师表,杜绝吸烟酗酒、歧视学生等不良行为。

3. 重视信息化工作,注重实用技术人才培养

赤道几内亚重视教育系统信息化工作,并注重对工程、电力等实用技术人才的培养。

2014 年 2 月 7 日,赤道几内亚教育与科技部召开信息化工作会议,审议了教育系统信息化工作方案,包括网上注册、网络教

育、数据统计等。2014年11月25日,赤道几内亚电力学院第一届毕业生毕业典礼在巴塔市恩戈罗会议宫举行,赤道几内亚第二副总理兼教育与科技部部长恩圭马、矿业、工业和能源部部长姆贝加、常务副部长梅涅等人出席。恩圭马副总理向毕业学生表示祝贺,指出奥比昂总统强调"民之教重于民之富",始终重视教育发展。电力学院首届学生毕业是赤道几内亚技术人员培训迈出的一大步。

(五) 教育发展成就

近年来,赤道几内亚在教育发展方面进步明显,得到了联合国教科文组织等机构的肯定。据赤道几内亚官方统计,2008年、2009年赤道几内亚文盲率均为13%,但到2010年已降为6.1%。

联合国教科文组织发表的《全民教育全球监测报告2013》显示,2005~2011年,赤道几内亚成人识字率高达94%,居撒哈拉以南非洲国家首位;青年(15~24岁)识字率高达98%,在撒哈拉以南非洲名列前茅;青年文盲率为3%,仅高于佛得角。

2013年7月11日《非洲经济学人》杂志统计数据显示,赤道几内亚成人识字率高达87%,高于南非(86.4%)、肯尼亚(85.10%)、喀麦隆(67.9%)和加蓬(63.2%)等国,位居非洲第二。

二 国际教育合作

(一) 与西方国家的教育交流合作

赤道几内亚重视与世界各国进行教育交流与合作,尤其重视与西班牙、法国、葡萄牙三国的教育合作。西班牙、法国在马拉博分别设有规模较大的文化中心和语言学校。

赤道几内亚与法国在巴塔共建了"法国文化之家"。"法国文

赤道几内亚

化之家"耗资32亿中非法郎,地处滨海大道,配有咖啡厅、体育馆、儿童乐园、图书馆、留学生活动中心、医护室等设施。奥比昂总统夫妇、民主党总书记奥萨、法国驻赤道几内亚大使巴拉戴乌出席了2013年的落成典礼。巴拉戴乌对项目竣工表示祝贺,希望以此为平台促进两国文化交流,增进两国人民相互了解。奥比昂总统发表讲话说,赤道几内亚与法语国家友谊源远流长,法语作为赤道几内亚第二官方语言,为赤道几内亚社会发展、文化繁荣、科技进步贡献良多。他号召青年学生以此为契机,刻苦学习外语,深入了解他国文化,推动赤道几内亚融入国际社会,早日实现建成新兴国家的目标。

赤道几内亚政府重视与西班牙的教育合作,积极考虑西班牙国际发展合作署的建议。基于为赤道几内亚2020年远景发展规划服务的目的,以人才培养为主要合作内容,赤道几内亚政府大力开展与西班牙的职业和大学教育合作计划。2013年11月15日,赤道几内亚第二副总理兼教育与科技部部长恩圭马会见了西班牙驻赤道几内亚使馆教育项目主任安东尼奥和西班牙国际发展合作署驻赤道几内亚协调员卡洛斯,洽谈了相关合作事宜。

赤道几内亚与葡萄牙的主要合作内容是葡萄牙语教育。赤道几内亚加入了葡萄牙语国家共同体,并将葡萄牙语定为第三官方语言。为了进一步提升赤道几内亚的葡萄牙语教育水平,葡萄牙马德拉多语教育学校校长桑托斯于2014年7月同赤道几内亚第一夫人、赤道几内亚儿童救助委员会(CANIGE)名誉主席康斯坦西娅签署合作协议,在赤道几内亚儿童救助委员会教育中心开展葡萄牙语教育。2014年8月26日,恩圭马会见桑托斯,商谈在赤道几内亚部分教育中心启动葡萄牙语教学事宜。

(二) 争取国际教育援助及与其他国家的合作

1. 争取国际社会和世界各国援助,解决国内教育难题

2006年7月,联合国人口基金向赤道几内亚政府捐赠了15.7万美元的药品,美国阿拉美达·赫斯公司向赤道几内亚政府捐赠4000万美元,用于赤道几内亚儿童教育和政府官员培训;8月,阿美拉达·赫斯公司又和赤道几内亚政府签署教育合作协议,进一步提供2000万美元帮助赤道几内亚发展基础教育。

2. 与俄罗斯的教育合作

2013年12月3日,赤道几内亚教育与科技部部长恩圭马会见了俄罗斯乌拉尔国立经济大学校长菲德罗夫。乌拉尔国立经济大学科研能力强,学术氛围浓厚,希望与赤道几内亚和非洲其他各国学术机构共同创立教育论坛,并以此为平台开展科研交流,实施师资培训。两国在教育和卫生领域的合作卓有成效,赤道几内亚政府还派遣部分留学生赴乌拉尔国立经济大学进修。

3. 向中国派遣留学生

中国每年向赤道几内亚提供数十名政府奖学金名额,目前有数百名赤道几内亚留学生在中国多所大学学习和深造。2011年,有36名奖学金新生赴华留学。2013~2014学年,除在华继续学习者外,中国政府实际录取赤道几内亚奖学金新生35人,他们分别赴中国人民大学、同济大学等29所高等院校补习汉语并进修国际关系、临床医学等22个专业。

赤道几内亚还有针对性地选派留学生到中国学习赤道几内亚国内建设急需的实用型专业。如湖南长沙理工大学和中国路桥工程公司携手合作,开展了一系列非洲学生本科教育培训。首批11名留学生是双方合作培养的,于2009年入学,学习港口与航道工程专

业，学制5年。2013年，第二批24名赤道几内亚留学生入校。留学生除了学习专业知识外，还积极接受中国文化熏陶。2014年，长沙理工大学首批赤道几内亚留学生顺利毕业，赤道几内亚工程部部长和驻中国大使馆负责人等前来参加了典礼。目前在赤道几内亚暂没有中国留学生。

第二节 文学

一 西班牙语文学①

赤道几内亚曾是西班牙在撒哈拉以南非洲唯一的殖民地。1778~1968年西班牙殖民时期，赤道几内亚发展出自己的西班牙语文学并维持至今，在非洲诸国中独一无二。

与英语、法语和葡萄牙语的非洲文学相比，赤道几内亚的西班牙语非洲文学较少人知晓。很多非洲文学杂志鲜有对赤道几内亚西班牙语文学作品的介绍。直到20世纪90年代末，赤道几内亚的西班牙语文学才逐渐为人所知。

赤道几内亚西班牙语文学的开端与传教杂志《西属几内亚》（*La Guinea Española*）有关。该杂志为位于比奥科岛的巴拿帕神学院的圣母圣心爱子会（la Congregación de Misioneros Hijos del Inmaculado Corazón de María）所办，于1903年出版。《西属几内亚》具有浓厚的殖民主义色彩，而且只出版给白人读者看，不登载赤道几内亚本土

---

① 关于赤道几内亚西班牙语文学的内容主要参考了维基百科《赤道几内亚的西班牙语文学》，http://zh.wikipedia.org/wiki/赤道几内亚的西班牙语文学。

第五章 文化

作家的作品。但从 1947 年起，杂志开辟了名为《故事与童话》的新栏目，以收录当地的童话和寓言故事，使其能够"保存和流传"下去，其最终目的是更好地认识赤道几内亚的土著居民，以便更好地"开化"他们。这项安排使神学院的赤道几内亚非裔学生有机会为该杂志写作。起初他们只是纯粹地把当地部族诗人口述的内容记下来，后来他们渐渐变成非洲口述传统与西方文字创作之间的桥梁。

第一部赤道几内亚小说是莱昂西奥·埃维塔·埃诺（Leoncio Evita Enoy）的《当铨卑人战斗时：关于西属几内亚习俗的小说》（*Cuando los combes luchaban: Novela de costumbres de la Guinea Española*），1953 年出版。小说讲述的是发生在殖民时期前木尼河区铨卑族①人之间的故事。1962 年，第二部赤道几内亚小说《博阿比之矛》（*Una lanza por el Boabí*）问世，作者是丹尼尔·琼斯·马塔玛（Daniel Jones Mathama）。小说的主人公名叫盖，是一个非洲人，他在小说中讲述了自己的一生，因此读起来有自传的味道。

1962～1968 年赤道几内亚走向独立期间，没有重要的作品出版，但有一些作家继续在各种杂志上编写故事、传说和民族志。与其他非洲文学不同的是，赤道几内亚文学并没有出现反殖民主义和战斗的作品，诗歌也不占重要地位，且该段时期内作家都以宗主国的读者而非本土读者为对象。

二 流亡文学

1968 年大选后仅几个月，马西埃就实行独裁统治，刚刚萌芽

---

① 铨卑族（Combé），亦称恩多韦族（Ndowé），系作者所属民族。

的赤道几内亚文学几乎被摧毁，大部分赤道几内亚作家流亡邻国或西班牙。本身是作家的胡安·巴尔博·波内克（Juan Balboa Boneke）称那一代的作家是"丢失的一代"。

流亡马德里等地的作家得不到支持，当时的文稿都以散页或小册子的形式流传，少数以杂志或传单发行，由赤道几内亚难民组织出版。因为发行量有限，因此不能在赤道几内亚侨民和西班牙民众中广泛流传。作品类型多为诗歌，语言比较率直。

流亡时期的文学作品代表作有：多纳托·恩东戈－比约果（Donato Ndongo-Bidyogo）的《梦想》（*El sueño*）和《穿越》（*La travesía*）、马普拉·罗博茨（Maplal Loboch）的《阿巴德神父的最后一封信》（*La última carta del Padre Fulgencio Abad*, C. M. F.），以及法兰西斯克·萨莫拉·罗博茨的《贝娅》（*Bea*）。这些作品都讲述了主人公因遭受迫害而流亡他乡以及精神上的痛苦和最终的转变，并与非洲大陆独立前的历史背景相联系。

三 新时期的文学发展

1979 年奥比昂推翻马西埃政权后，建立了新的政府。随着政治迫害结束，文化渐渐复苏。这个时期的文学发展分为两个阶段。

第一阶段是 1981～1984 年。这个阶段从 1981 年赤道几内亚的第一本儿童读物面世开始，此书名叫《几内亚传说》（*Leyendas guineanas*），为拉克尔·伊隆贝所著。同属这个时期的作品还有 1982 年出版的《奥波利巴：流亡者》（*O Boriba El exiliado*）和 1983 年出版的《评论耳语和思想：从我的窗》（*Susurros y pensamientos comentados*：*Desde mi vidriera*）等。

多纳托·恩东戈－比约果 1984 年所著的《几内亚文学选辑》

第五章 文　化

(*Antología de la literatura guineana*) 为这个阶段画上了句号。这部选辑是这类文学作品中的佼佼者，主要收录了当时赤道几内亚最优秀的文学作品。

第二阶段为1984年至今，是赤道几内亚文学复兴时期。这个阶段文学的发展和位于马拉博的1982年成立的西班牙几内亚文化中心（Centro Cultural Hispano-Guineano）息息相关。该中心举行了许多文化活动，并出版文化事务季刊《非洲2000》(*Africa 2000*)，西班牙几内亚文化中心出版社（Ediciones del Centro Cultural Hispano-Guineano）专为赤道几内亚知名的、年轻有为的作家而设。在已出版的书目中，比较出色的小说有安娜·卢尔地斯·索奥拉（Ana Lourdes Sohora）1987年出版的《忠心的朋友》(*El amigo fiel*)、安提莫·埃索诺·恩冬戈（*Antimo Esono Ndongo*）1989年出版的《小羊女王阿芬》(*Afén, la cabrita reina*) 与1991年出版的《可敬的埃马格·埃拉的最后一课》(*La última lección del venerable Emaga Ela*)、佩德罗·克里斯蒂诺·布韦利贝利（Pedro Cristino Bueriberi）1990年出版的《布提其巴》(*Boote-Chiba*)。值得一提的诗集有安纳克莱托·奥罗·米布伊（Anacleto Oló Mibuy）1987年出版的《自由与希望的呼唤》(*Gritos de libertad y de esperanza*) 及玛利亚·恩苏埃·安古维（María Nsué Angüe）1991年出版的《狂》(*Delirios*)。此阶段，作家常围绕与自身经历有关联的主题写作并演绎，把赤道几内亚的实况用象征的形式描绘出来。

1985年，玛利亚·恩苏埃·安古维出版了第一部由赤道几内亚女作家所写的小说《爱科莫》(*Ekomo*)。故事主人公是一位名叫恩南伽的班图妇女，却从一位自称爱科莫的男子的角度来叙述。同年，胡安·巴尔博·波内克出版了小说《团聚：流亡者的回归》

(*El reencuentro*：*El retorno del exiliado*)。这部有自传成分的小说讲述了主人公在西班牙流亡11年后返回赤道几内亚,希望帮助国家重建及重新融入社会,但最后还是回到西班牙。

思里雅高·波克沙(Ciriaco Bokesa)1987年出版的《浪花之声》(*Voces de espumas*)荣膺"第一本由赤道几内亚作家在几内亚本土所写的诗集"。诗集述说了作者的苦难和沉默,并提出了对诗歌艺术的个人想法。同年,胡安·巴尔博·波内克出版了他的第一部诗歌选辑《梦在吾林》(*Sueños en mi selva*)。胡安·巴尔博·波内克通过诗歌描写了赤道几内亚所遭受的劫难,其表现的艺术手法超越了当时赤道几内亚诗歌的水平。

1987年,多纳托·恩东戈-比约果出版了小说《你黑色记忆的阴暗》(*Las tinieblas de tu memoria negra*),再一次采用自传体裁,作者认为这是他那一代人的共同传记。书中描述了一个孩子在西班牙殖民时代后期在木尼河区的成长经历。通过孩子纯真的看法,作者对殖民统治进行了既辛辣又严厉的批判。

四 当代著名小说《三心一意》

《三心一意》是当代赤道几内亚文坛重量级作家吉列米娜·梅库依(Guillermina Mekuy)近年出版的新作,该书中文版于2014年8月由世界知识出版社出版发行,由傅韧益翻译,是首部在中国出版的赤道几内亚小说。

吉列米娜·梅库依出生于赤道几内亚,自幼定居于西班牙,并在马德里自治大学取得了法律与政治科学学士学位。2008年返回赤道几内亚工作,2012年5月至今任赤道几内亚文化与旅游部部长。在刚满20岁之际,她出版了第一本小说《母狗的悲

第五章 文化

鸣》，之后又出版了《圣托马斯的三个处女》，在国际文坛享有一定声誉。

《三心一意》描写了作者对爱的定义及反思，其丰富的情感能穿透每个读者的心扉，触及灵魂深处。它从四个不同的视角对身边之事进行了描述，拨动了读者最敏感的神经。同一个故事在四个主角的"自白"阐述下，令人不得不重新思考爱的意义。全书分为人物简介、前言、自白一、自白二、自白三、自白四和后记等，是一部基于真人真事的小说。故事的三个女主角分别是：梅尔，出生于名门贵族，从小过着衣食无忧的生活；苏蕾玛，来自贫困家庭，在妹妹死后独自与生活做斗争；阿伊莎，年轻又有修养，毕业于巴黎第四大学新闻系。而她们又同时狂热地爱着同一个男人——圣地亚哥。是什么让她们聚到一起相识相知，相互憎恨，到最后相互理解？小说为读者描绘了当今赤道几内亚一夫多妻制家庭的状态，讲述三个出身不同的女人与丈夫圣地亚哥在同一屋檐下生活的心路历程与曲折故事。

梅库依除了作家的身份外，还是赤道几内亚的文化与旅游部部长。她在思考非洲传统文化传承方面也做了很多努力。她的作品诠释了多妻制是如何存在于历史传统和现代化思想冲击的力量对比中。同时，她也大胆质疑：在一夫多妻的两性关系之间存在的亲和力和排斥力究竟有多大？两者究竟孰重孰轻，孰胜孰负？女性对待传统是否应该继续毫不迟疑地相信"生活本来如此"的道理？

这部女性视角的小说语言细腻丰富，情节婉转曲折，前后呼应，线索勾连，脉络清晰。作者通过缜密的思考，努力向更高意义上的爱情文学作品领域进军，开拓出崭新的艺术创作鉴赏维度，弥补男性作家审美创作的性别缺陷。同时，《三心一意》也在婚姻文化史上展开一幅纷呈多样的形象画卷，它蕴含的丰富文化内涵是值得我们探索的富矿。①

第三节 体育

赤道几内亚重视体育工作，积极参加国际体育比赛，特别是近年来成功举办非洲国家杯等大型体育活动，不仅提高了本国的体育竞技水平，而且向世界展示了赤道几内亚办好体育的决心和信心，为赤道几内亚在世界上塑造了良好的形象。

一 奥运会上的赤道几内亚

赤道几内亚从1984年洛杉矶奥运会起开始参加国际比赛，1984~2012年，赤道几内亚运动员尚未能在国际赛场上取得突破，到2016年未曾获得过奥运会奖牌。但作为一个人口不多、地域狭小的国家，能够参加奥运会本身就是非常值得赞赏的事情。

赤道几内亚最著名的运动员是参加过奥运会的游泳运动员姆萨巴尼。2000年，在国际奥委会的邀请下，赤道几内亚派出了历史上第一位奥运游泳选手姆萨巴尼参加悉尼奥运会男子100米自由泳，他也是赤道几内亚第一位游泳运动员。男子100米自由泳预赛原来共有3个人参加，但由于其中的两个人犯规，最后整个比赛成了姆萨巴尼一个人的比赛。尽管姆萨巴尼的成绩并不出色，但他还是坚持完成了比赛。当他游到终点时，所有在场的人

---

① 申立迪：《婚姻的四重奏——评赤道几内亚小说〈三心一意〉》，《世界知识》2014年第22期。

对他肃然起敬，纷纷站起来，为这位游得最慢的选手热烈鼓掌。原来这位1978年5月31日出生、绰号"埃里克鳗鱼"的黑人小伙子于2000年1月才第一次游泳，在到达悉尼之前只在一个不到30米的游泳池里练习过，只参加过25米的业余比赛。他不但没游过甚至都没见过50米标准泳池。为了推广游泳运动，国际奥委会破例让他持外卡参赛，这个只有8个月业余游泳经验的小伙子不仅平生第一次跳入50米标准泳池，而且坚持游完了他人生第一次100米全程，这本身就是奥林匹克"重在参与"精神的最好体现。

二 非洲杯与赤道几内亚足球

（一）国家足球队

赤道几内亚国家足球队由赤道几内亚足球协会管理，属于国际足球联合会（简称"国际足联"）及非洲足球协会（简称"非洲足协"）成员之一。赤道几内亚至今未入围过世界杯决赛圈。

1975年5月23日，赤道几内亚国家足球队的首场国际比赛在中国举行，结果中国以6:2的比分战胜赤道几内亚；历史上的最大胜利是2011年9月7日在马拉博举行的赤道几内亚国家足球队对阵中非共和国国家足球队，结果赤道几内亚3:0完胜中非；最大比分失利是1990年12月13日在刚果共和国，刚果共和国6:0重创赤道几内亚。赤道几内亚参加过两次非洲杯，都是以东道主身份晋级，即2012年成功挺入八强，2015年历史性地进入四强。

（二）成功举办两届非洲杯

非洲国家杯（Africa Cup of Nations）是非洲地区足球运动领域最高规格的赛事，每隔两年由非洲足协举办。

赤道几内亚

1. 2012 年非洲杯

2010年1月30日,非洲足球协会宣布,2012年由赤道几内亚和加蓬合办的非洲杯,揭幕战确定在赤道几内亚举行,决赛则在加蓬举行。2012年1月21日,揭幕战在东道主赤道几内亚与利比亚之间展开。

2012年1月21日至2月12日,第28届非洲杯如期举行。赤道几内亚是本届非洲杯的东道主之一,抽签时自动分在A组,与利比亚、塞内加尔以及赞比亚分在一个小组。赤道几内亚主教练吉尔森·保罗是巴西人,与赤道几内亚签订了一份为期两个月的合约。赤道几内亚头号球星叫达尼洛,司职守门员,曾在巴西美洲俱乐部(PE)效力,他是赤道几内亚参加此届非洲杯所有球员中参加国际赛事最多的。最终赤道几内亚顺利挺进八强,创造了参加国际比赛的最佳成绩。

2. 2015 年非洲杯

第30届非洲杯于2015年1月17日至2月8日在赤道几内亚举行,共有16支非洲国家足球队参加了决赛周赛事。2011年,摩洛哥获得本届非洲杯主办权,但由于埃博拉疫情突然暴发,2014年11月非洲足球协会宣布,将本届非洲杯移至赤道几内亚举行。

马拉博、巴塔、蒙戈莫、埃贝比因四个城市承办了非洲杯赛事。2015年非洲杯的吉祥物是一只踢足球的豪猪——赤道几内亚森林较为常见的动物,名为"楚酷"(Chuku)。该吉祥物形象生动、活泼可爱、色彩斑斓,设计者为荷兰阿姆斯特丹城市印象(Urban Perception)研究室设计师理查德·利奥特·贝克(Richard Liot Backer)。

2015年赤道几内亚非洲杯决赛圈的参赛球队赤道几内亚、佛

第五章 文化

得角、阿尔及利亚、突尼斯、南非、赞比亚、喀麦隆、加蓬、布基纳法索、塞内加尔、科特迪瓦、加纳、几内亚、马里、刚果（金）和刚果（布）。

2015年非洲杯的门票价格亲民。其中，埃贝比因体育场（承办B组比赛）和蒙戈莫体育场（承办C组比赛）门票的最低价格为500中非法郎（低于1欧元），巴塔体育场（承办A组比赛）和马拉博体育场（承办D组比赛）门票的最低价格为1000中非法郎（低于2欧元）。上述体育场的最贵门票即贵宾票价格为15000中非法郎。赤道几内亚总统奥比昂在参加筹备活动时呼吁赤道几内亚民众踊跃前往观赛，呼吁富人买票帮助买不起门票的穷人。奥比昂本人购买4万张门票赠送给普通民众，每个球场1万张。赤道几内亚第二副总理兼教育与科技部部长恩圭马慷慨解囊，并在一些机构的支持下购买3.5万张门票赠送给全国大中小学生、教职员工及教育部门的工作人员。

2015年赤道几内亚男子足球国家队教练为贝克尔（Esteban Becker）。贝克尔，1964年生于阿根廷，1989年定居西班牙，获体育专业学士学位。曾担任皇家马德里俱乐部技术指导员、马德里多家小型俱乐部主教练以及赤道几内亚女子足球国家队主教练，并带领赤道几内亚女子足球以骄人战绩（18个进球、零失球）捧得2012年女足非洲杯冠军。

1月17日，第30届非洲杯开幕式在赤道几内亚巴塔市恩科安托玛体育场举行，赤道几内亚总统奥比昂，非洲足协主席哈亚图，刚果（布）、加蓬、贝宁、中非共和国、多哥等国总统，加蓬总理，赤道几内亚各级政要和社会各界代表以及约4万名球迷现场观看。在开幕式上，民族歌舞和空中飞人表演获全场球迷阵阵掌声，

工作人员和球迷还手举"携手防控埃博拉"的旗帜和标语。文艺表演结束后，非洲足协主席哈亚图向赤道几内亚总统奥比昂颁发非洲足协白金荣誉勋章，此系非洲足协历史上首枚该类勋章，以表其"临危受命"接替摩洛哥承办本届非洲杯。在随后举行的揭幕战中，赤道几内亚以1∶1与刚果（布）握手言和。

半决赛期间，由于球迷对赤道几内亚与加纳比赛结果不满，发生了球迷骚乱事件。2月7日，赤道几内亚总统奥比昂发表声明谴责在2月5日非洲杯半决赛期间以及赛后于第一首都马拉博体育场、主要干道及民主党总部发生的暴力行径。奥比昂总统表示，赤道几内亚政府承办非洲杯并不只是为了赢得奖杯，而是为了展示组织能力并挽救非洲的尊严与荣誉。

马拉博当地时间2月8日，第30届非洲杯决赛在巴塔球场进行，最终科特迪瓦队在点球大战中以9∶8击败加纳队，获得2015年非洲杯冠军。在2月7日的季军战中，刚果（金）队在点球大战中以4∶2击败东道主赤道几内亚队夺得季军，赤道几内亚获得第四名，奥比昂总统称赞国家足球队队员为"赤道几内亚新英雄"。

2015年非洲杯，系作为小国的赤道几内亚仓促接手承办，要在短时间筹备组织这样的大型足球赛事，对于赤道几内亚政府乃至整个国家都是一项巨大的挑战。但赤道几内亚最终成功承办了此次洲际大型赛事，受到了非洲国家的一致好评。这对赤道几内亚的足球和体育事业都起到了很大的促进作用，也充分展现了赤道几内亚的国家实力和形象。

（三）重视足球发展，积极进行国际足球体育交流活动

赤道几内亚政府将体育事业当作政府的重点工作，特别是2013年11月12日，奥比昂总统亲自主持召开体育工作会议。会

第五章 文化

上他充分肯定近年来赤道几内亚体育工作取得的成绩，要求进一步加强组织领导，打造一支雷厉风行、奋发有为的干部队伍；加大体育宣传力度，营造浓厚的健身氛围。赤道几内亚连续两次成功承办非洲杯这样的大型国际赛事，说明其国内体育管理水平得到了显著提高。赤道几内亚还主动与传统的足球强国交流，例如，2014年11月16日举办赤道几内亚和西班牙足球友谊赛，把这次友谊赛作为向国际社会宣传、展示、交流的窗口，并借鉴非洲杯成功举办的经验，全面落实接待和安保工作，营造良好的竞技氛围，展现赤道几内亚的良好形象。

此外，赤道几内亚还积极开展国际体育合作。2014年11月2日，葡萄牙竞技足球俱乐部（Sporting Club de Portugal）[①] 与赤道几内亚卡诺体育学校（Academia Deportiva Cano Sport）签署培训协议，根据该协议，前者将帮助后者培训教练、技术和行政管理人员等。这是欧洲知名足球俱乐部首次同赤道几内亚足球学校达成此类协议。2015年，体育学校已经正式招生。

第四节　新闻出版

一　报刊

2016年，赤道几内亚只有2份周报和6份期刊。周报为《黑檀木》《坡托坡托》，均由赤道几内亚新闻部主办。6种期刊为

---

① 葡萄牙竞技足球俱乐部，通常称为里斯本竞技，于1902年成立，位于葡萄牙首都里斯本，是与波尔图和本菲卡齐名的葡萄牙三大知名足球俱乐部之一，曾为葡萄牙国家队培养出菲戈和C罗等知名球星。

《加塞塔》（唯一允许发行的民间刊物）、《保险》、《维纳斯》、《你好，赤道几内亚》、《班图》和《木棉》。

二 图书

赤道几内亚出版有关赤道几内亚国家以及领导人的书籍。

奥比昂总统著有《我为人民而生——赤道几内亚总统奥比昂回忆录》[①]。该书是奥比昂总统的自传，主要叙述了他执政24年的经历，是这个非洲国家走向政治、经济独立的真实写照，反映了奥比昂总统带领本国人民为维护国家统一、摆脱殖民枷锁、实行民主政治、发展国民经济所做出的不懈努力。该书既叙述了奥比昂总统跌宕起伏、鲜为人知的人生经历，也是对赤道几内亚近30多年历史的真实记录。读者既可以从中了解总统本人的政治生涯和家庭生活，又可以看到赤道几内亚人民维护国家主权和统一的历程。本书充满了奥比昂总统对祖国和人民的热爱，也反映了赤道几内亚人民对和平与发展的执着追求，以及为建设美好家园所做出的不懈努力。

《2004～2013年奥比昂总统演讲录》一书近750页，汇集了近10年来奥比昂总统在国内外重要活动上发表的大部分演讲。此外，《赤道几内亚：年轻的国家》（一）和《赤道几内亚：年轻的国家》（二）等书也相继出版。

三 电台

赤道几内亚政府在马拉博和巴塔各建有一个国家电台，每天于

[①] 《我为人民而生——赤道几内亚总统奥比昂回忆录》一书的中文版于2003年7月由世界知识出版社出版发行。

当地时间15时开始播音，共播放10小时左右，内容为新闻、音乐和政府通知。2005年3月，由中国援建的巴塔电台短波站开播。此外，阿松加电台为私人电台，主要播放新闻和娱乐节目。2005年，赤道几内亚国立大学开设了以播送教育节目为主的大学电台。除西班牙语外，每天还用法语播出新闻节目，并用芳语播出1小时，用布比语等民族语言各播出半小时。每星期日有3小时宗教节目。此外，法国国际广播电台在马拉博设有转播站。在马拉博，可以收到英国BBC、西班牙、喀麦隆、美国之音等广播电台的节目。

四 电视台

马拉博和巴塔分别设有国家电视台，每天15：00～24：00开播，内容主要是新闻报道、讨论会和娱乐节目，主要用西班牙语播放。其中半数以上节目为本国制作，其余节目多由西班牙和法国提供。电视信号可覆盖比奥科岛和部分大陆地区。

马拉博电视中心是赤道几内亚最大、设备最齐全的综合性电视中心，是赤道几内亚第一首都马拉博的标志性建筑。2005年8月开始建设，由中国援建、中国大连国际公司承建，建筑面积2930平方米，于2006年建成运作。马拉博电视中心也是中国援建赤道几内亚的最大项目，该项目的建成对赤道几内亚新闻传播、文化宣传等方面做出了重大贡献。2007年1月2日，中国外交部部长李肇星为马拉博电视中心剪彩。

此外，赤道几内亚还有私人电视台阿松加电视台（同时也有电台节目）。赤道几内亚卡梅利甘公司（CAMERICAN GROUP, GE S.A.）经营南非卫星电视业务，转播20多套国际电视节目。

赤道几内亚还与法国合作开通了TV5电视台。2011年5月11

日，赤道几内亚信息旅游部部长赫罗尼莫会见了法国使馆代办华金，商谈推动法国 TV5 电视台在非盟首脑会议期间落户赤道几内亚一事。双方就具体的设备安装地点、融资问题进行了商谈。经过赤道几内亚政府批准，2011 年法国 TV5 电视台落户赤道几内亚并正式运行。

五　网站

主要是赤道几内亚政府官方网站（http：//www.guineaecuatorialpress.com）。该网站由赤道几内亚政府运营和管理，内容包括最新消息、新闻、总统活动、经济、文化、体育、数据统计等栏目，有英语、西班牙语、法语三种语言。

# 第六章

社　会

　　赤道几内亚社会比较稳定，人均年收入和消费水平持续增长，但就业情况整体上不太乐观，技术劳动力严重缺乏，国内经济结构单一，物价较高。2016年，赤道几内亚政府大力推动基础设施建设，将住房建设作为民生发展的重点领域。

第一节　国民生活

一　就业

　　从整体上看，目前赤道几内亚的就业情况不是很乐观，主要问题是严重缺乏技术劳动力。目前，在赤道几内亚的外国公司大量从国外招募工人，虽然赤道几内亚法律规定，90%的工人应为赤道几内亚国籍，但实际情况正好相反。造成这种局面的原因除了外国公司的歧视和区别对待等因素外，赤道几内亚本身也有责任，即受雇者缺乏组织纪律性、无故旷工、不遵守劳动时间、排外情绪严重、酗酒等。因此，为全面提高整体国民素质，赤道几内亚政府采取了多项措施，如指定13家外国公司（其中中国企业7家）为其培训技术工人，合格者由培训公司直接录用；同时，决定在国内5个主要城市建立职业培训中心,现已进入投标阶段。

2009年5月12日,赤道几内亚劳动与社会保障部颁布的最低月工资标准为121730中非法郎,增幅在20%以上。

从表6-1中的数据可以看出,赤道几内亚的男性就业率要高于女性;随着人口的增长,总就业人数也相应增加;青年劳动力就业率相对较低。

表6-1 赤道几内亚就业相关指标

指 标	2010年	2011年	2012年	2013年
15~24岁女性就业人口比率(%)	56.4	56.7	56.7	55.4
15~24岁男性就业人口比率(%)	78.9	79.0	78.9	77.3
15~24岁总就业人口比率(%)	67.7	67.9	67.8	66.4
15岁(含)以上女性就业人口比率(%)	74.6	74.8	74.9	74.2
15岁(含)以上男性就业人口比率(%)	86.1	86.0	86.0	85.0
15岁(含)以上总就业人口比率(%)	80.6	80.6	80.6	79.8
劳动力参与率,女性/男性(占15~24岁女性人口的百分比)	63.8/88	63.9/88	63.9/88	63.9/87.9
15~24岁人口的劳动力参与率,总量(%)	76	76	76	76
劳动力参与率,女性/男性(占15~64岁女性人口的百分比)	82/94	82/94	82/94	82.1/94
劳动力参与率,总数(占15~64岁总人口的百分比)	88.2	88.2	88.2	88.2
劳动力参与率,女性(占15岁以上女性人口的百分比)	80.5	80.5	80.6	80.7
劳动参与率的男女比率(%)	87.2	87.2	87.3	87.5
劳动力参与率,男性(占15岁以上男性人口的百分比)	92.3	92.3	92.3	92.2
劳动力参与率,总数(占15岁以上总人口的百分比)	86.6	86.6	86.6	86.7
劳动力,女性(占劳动力总数的百分比)	44.7	44.7	44.8	44.9
劳动力,总数	365836	377439	389259	401157
年轻女性失业人数(占15~24岁女性劳动力比例)	11.7	11.2	11.3	13.2

资料来源:世界银行,http://data.worldbank.org.cn/country/equatorial-guinea。

二 收入

2010年以来,赤道几内亚的人均年收入有了较大增长,超过1万美元,达到中等发达国家水平,且较为稳定(见表6-2),但财富主要集中在少数富人手中,因此存在很多贫民。

表6-2 2010~2013年赤道几内亚人均国民收入

年份	GDP(现价本币)(万亿)	人均GNI(现价美元)(万)
2010	7.18	1.37
2011	9.34	1.45
2012	9.04	1.36
2013	7.69	1.43

资料来源:世界银行,http://data.worldbank.org/indicator/NY.GDD.PCAP.CD,转引自中华人民共和国驻赤道几内亚大使馆经济商务参赞处网站,http://gq.mofcom.gov.cn/article/ddgk/201504/20150400948729.shtm/。

三 消费

如表6-3所示,近几年,赤道几内亚的经济增长较为平稳,但受国际油价波动的影响也较大,按CPI计通胀年增长率稳定在6%~8%,居民将很大一部分收入转为储蓄,但消费水平还在持续提升。

表6-3 2010~2015年赤道几内亚主要消费数据

指标	2010年	2011年	2012年	2013年	2014年	2015年
人均GNI年增长率(%)	—	—	-14.39	-6.56	0.46	26.99
家庭消费年增长率(%)	—	—	15.37	-10.45	2.59	—
按CPI计通胀年增长率(%)	7.79	6.95	6.15	6.35	—	—

续表

指标	2010 年	2011 年	2012 年	2013 年	2014 年	2015 年
家庭最终消费支出(亿美元)	—	—	48.51	—	24.37	17.43
国内总储蓄(亿美元)	84.86	—	122.00	—	106.74	67.81
国民总收入(亿美元)	93.38	130.65	110.51	107.35	99.69	51.46
国家总储备(亿美元)	23.46	30.54	43.97	—	29.07	12.05
人均 GDP 年增长率(%)	-3.49	4.15	-0.33	-7.49	-5.92	-14.71

注：国内总储蓄、国民总收入中的"美元"为"现价美元"。
资料来源：新浪财经，http://finance.sina.com.cn/worldmac/nation_ GQ.shtml。

四 物价

长期以来，由于赤道几内亚经济不发达，国内经济结构单一，农业水平不高，粮食不能自给完全依赖进口，工业也不发达，因此食品和日常生活用品等基本上依赖国外输入，物价较高。虽然政府也多次寻找方法，通过制定政策来解决食品价格不断上涨的问题，但收效并不明显。

(一) 货币

赤道几内亚实行外汇管制，在当地消费只能使用中非法郎，不能直接使用美元、欧元等外币。中非法郎对欧元实行固定汇率，即 1 欧元兑换 655.957 中非法郎；中非法郎对美元和人民币实行浮动汇率，分别为 1 美元约合 450 中非法郎，1 元人民币约合 80 中非法郎。

因为中非法郎不是国际通用货币，所以人民币无法事先在中国国内银行兑换中非法郎，只能在抵达赤道几内亚后持美元或欧元在赤道几内亚当地银行兑换（汇率较低），也可选择与常驻赤道几内亚的中资企业内部兑换（汇率略高）。

(二) 日用品和餐饮价格

当地生活条件较差，日常消费品基本上靠进口，物价较高。牛肉每公斤约15美元，鸡蛋每公斤约3美元，蔬菜平均每公斤约3美元。主、副食品品种不多，但基本上可以满足社会需求。

前几年赤道几内亚物价曾有较大波动，如2007年赤道几内亚物价上涨速度惊人，8月，50公斤袋装大米由12000中非法郎涨到19000～23000中非法郎（480中非法郎兑换1美元，以2007年汇率计算），1公升装食用油从700中非法郎上升到1500中非法郎以上，食糖也从每公斤700中非法郎升至1500中非法郎。其他如木薯、香蕉等民众赖以生存的主要食品的价格也大幅度上升。物价大幅上涨影响了赤道几内亚人民的生活质量，对此政府也采取了很多办法来平抑过高的食品价格。

赤道几内亚当地生活物资均大量从西班牙、摩洛哥以及非洲其他国家进口，蔬菜水果价格高于肉禽产品价格，有时还供不应求。巴塔因位于非洲大陆，物资供应较丰富，还可以买到龙虾、螃蟹等高档海鲜。

赤道几内亚人购买蔬菜及生活日用品的主要有EGTC，马丁·赫玛诺斯（Martin Hermanos）及总统夫人超市，华人华侨也开设了一些小型批发店、菜店等。因物资紧缺，赤道几内亚多数产品依赖进口，加之进口产品的来源地不同，产品的质量和价格也不同，故采购时应货比三家。

赤道几内亚餐饮价格偏高。如西式早餐约1万中非法郎（约合20美元），午餐约3万中非法郎（约合60美元），晚餐约2万中法郎（约合40美元），均高于一些欧洲发达国家。

赤道几内亚当地有多家中餐馆，在第一首都马拉博，档次较高、适合商务宴请的中餐馆有两家：大连国际吴家园酒家（中国台湾商人投资开办）和中国大酒店邦多酒家（BANDOO，由华商开办）。此外，还有一些快餐小店，价格稍低，可以吃到中式家常

菜，但就餐环境和卫生条件一般。

（三）酒店价格

1. 马拉博酒店标间价格

Sipopo Sofitel，20万中非法郎（约合286欧元）1天，有套间、游泳池、按摩、健身房、西餐、海水浴场。

Hilton，13万中非法郎（约合186欧元）1天，无普通套间，有双床间、游泳池、按摩、健身房、西餐。

Sofitel，15万中非法郎（折合215欧元）1天，有套间、游泳池、按摩、健身房、西餐。

Ibis，9万中非法郎（折合129欧元）1天，有套间、游泳池、西餐。

Mango，8万中非法郎（折合115欧元）1天，有套间、西餐。

Bahia 2，8万中非法郎（折合115欧元）1天，有套间、西餐。

Hotel Paraiso，8万中非法郎（折合115欧元）1天，有游泳池、西餐。

华侨宾馆，4万中非法郎（折合50欧元）1天，有双人间、多人间，无单间，可提供中餐包餐服务。

2. 巴塔酒店标间价格

IBIS，9万中非法郎（折合129欧元）1天，有双人间，无套间。

PLAZA，8万中非法郎（折合115欧元）1天，宾馆较旧，但房间很大。

Hotel Ekuku，6万中非法郎（折合86欧元）1天，华人宾馆，可提供中餐包餐服务。

3. 蒙戈莫酒店标间价格

蒙戈莫酒店，蒙戈莫唯一大型宾馆，10万中非法郎（折合143

欧元）1天，设备较陈旧。

（四）水、电、气价格

当地基本无市政供水，现有供水能力为6000吨/天，生活用水主要靠打井解决，市场有纯净水销售，每公升约230中非法郎。

市政供电价格为90中非法郎/千瓦时，但要加收15%的税。

煤气价格为6000中非法郎/瓶（25公斤）。[①]

（五）劳动力价格

普工，每月20万中非法郎（约合400美元）；司机，每月30万中非法郎（约合600美元）；保安，每月18万中非法郎（约合360美元）。

五 住房

（一）土地及房屋价格

赤道几内亚土地价格因受地理位置、土质等各种因素的影响而有所不同。地理位置、地上附属物价值、地块质量、与政府的关系等都是影响土地价格的因素。每平方米土地的销售价格基本在20~60美元，大陆地区土地价格较第一首都马拉博地区略低。土地租赁价格视土地情况、租金支付方式、租赁时间、和业主关系等因素而定。土地租赁价格为月租1~2美元/平方米，低于出售价格。

（二）社会住房建设情况

自赤道几内亚政府大力推动基础设施建设以来，住房建设一直是发展重点。近年来，由于赤道几内亚政府把满足大型区域性活动

---

① 《赤几当地主要商品及服务的物价水平》，中华人民共和国驻赤道几内亚大使馆经济商务参赞处网站，http://gq.mofcom.gov.cn/article/sqfb/201404/20140400567772.shtml。

的需要和改善政府职能部门办公条件放在了优先位置,故住房建设、基础设施建设呈不平衡发展的态势:第一首都马拉博及比奥科岛住房建设发展迅速,而大陆地区却改善不大。但随着欧亚拉新城建设的推进和赤道几内亚政府对大陆地区的开发,赤道几内亚住房建设、基础设施建设的重心将逐渐转移到大陆地区。

赤道几内亚政府在第一首都马拉博建造4800套社会住房,2010年中国北京盛达森林股份有限公司、安徽建工集团与赤道几内亚政府签约开始建设,建筑面积86300平方米,地上6层,均为框架结构、条形基础,共24栋,总工期24个月。该项目2013年已建成,极大地改善了马拉博人民的居住条件。

此外,玻利维亚也与赤道几内亚合作建设社会住房,主要合作项目是拉巴斯社会住宅工程。

六　社会保障与福利

赤道几内亚目前实施的是于1990年颁布的《劳工法》,该法令适用于赤道几内亚的所有企业和部门,对劳资纠纷仲裁、工资、雇佣合同、劳保福利、工作时间、假期、非当地居民就业等做了具体规定。

签订长期聘用赤道几内亚员工的合同后,员工享受每年1个月的带薪年假,节假日双倍工资。赤道几内亚《劳工法》基本照搬西班牙的相关法律条款,对劳工保护程度较高。例如,外国雇主不得无故与当地员工解除劳动合同,否则赤道几内亚劳动部门将予以处罚。解雇当地员工程序较多,也比较麻烦,当地雇员一旦被解雇就会到劳动部门投诉,而且赤道几内亚劳动部门一般会裁决外国雇主向当地雇员支付高额的补偿金。

七 移民

(一) 外国人居留政策及相关手续

在赤道几内亚居住的外国人,应在出境签证有效期满前到"国家官方证件处理中心"处理居留签证或居留证件,否则将被视为非法移民遭到遣返。赤道几内亚国籍的授予须由赤道几内亚共和国总统签字,并在司法、宗教和惩戒机构部办理相关手续。

(二) 赤道几内亚的移民形势

据《赤道几内亚国家机关报》调查,有2/3的移民是在近十年内进入赤道几内亚的,其中50%的移民来自喀麦隆和尼日利亚。尽管他们很快地融入了赤道几内亚社会,但是相当一部分移民是非法的。当地人认为,移民不利于赤道几内亚,而移民认为他们为赤道几内亚带来了繁荣。在马拉博和巴塔,外国移民和进入城市打工的赤道几内亚农村人口数量大致相等。移民除来自喀麦隆、尼日利亚外,还来自马里、加纳、刚果(金)、刚果(布)、摩洛哥、埃及、菲律宾等。这些外来移民大多从事建筑业和技术性较强的产业,尼日利亚移民主要从事商业活动。大量的移民给当地人带来了严峻的就业压力。

赤道几内亚安全部门对目前赤道几内亚的非法移民形势十分担忧。当今,针对国家安全的威胁的来源非常广泛,除传统意义上的军事威胁外,还包括恐怖主义、环境恶化以及社会治安等非传统安全威胁。近十年来,赤道几内亚经历了前所未有的经济大发展,远远超过本地区其他国家的平均水平,外资在基础设施建设等领域开辟了新的商机。这种空前的发展以及随之而来的劳动力需求,为外国人合法与非法入境提供了便利。

外国人的大规模到来的确为赤道几内亚的发展做出了显著贡

献，但同时也给赤道几内亚政府带来了安全隐患。有些外国人来到赤道几内亚并不仅仅是工作或投资，而是企图以此为掩护从事非法活动，从而给赤道几内亚的和平与稳定带来风险。因此，赤道几内亚安全部吁请各国驻赤道几内亚外交机构配合赤道几内亚政府从源头上打击非法移民，要求处于上述状况的外国侨民自觉离开赤道几内亚。同时，赤道几内亚政府承诺，将依照现行法规及与其他国家和国际组织所签订的条约，保证在赤道几内亚工作和生活的合法移民的安全。

2009年11月19日，赤道几内亚外交部通告所有在赤道几内亚的外交使团，赤道几内亚安全部门即将采取措施，严控非法入境人员，并要求所有外国人在接受检查时出示赤道几内亚驻外使、领馆或边检颁发的入境签证，否则，即便是已在赤道几内亚获得居留许可的外国人也将立即被遣返。

第二节 社会管理

一 婚姻制度

赤道几内亚的婚姻制度为一夫多妻制，一个男人可以娶多个妻子，男性的地位高于女性。一夫多妻制是多配偶制的通常形式。始于母权制后期，为父权制婚姻形式的特点，是生产资料私有制的产物。赤道几内亚的一夫多妻制与其长期较为落后的经济发展水平相关。男性推崇生产资料所有权，在社会中占据主导地位，女性处于从属地位。此外，宗教和文化因素也是这一制度形成的原因。随着时代的发展，这一落后的婚姻制度也越来越受到争议。

二　社会结构

与许多非洲国家一样，赤道几内亚迄今仍然保留着酋长制度。在许多地方，尤其是在广大农村地区，酋长的权力很大，当地的大小事情都由酋长决定，甚至一些家庭琐事也要由酋长裁决。村民见到酋长时要毕恭毕敬，跪在地上行磕头大礼。尽管酋长不在政府机构里担任官职，但在当地居民心目中是"拥有至高无上权力"的人物，有着根深蒂固的影响力。因此，人们（尤其是外国人）到某地办事，首先要设法拜见当地的酋长，如果取得了酋长的认可和支持，许多事办起来就容易多了。

酋长制度主要存在于偏远落后的地区，最初是从原始的氏族制度发展演变而来。在非洲，传统的酋长制度一般分为一、二、三级酋长领地，分别由一、二、三级酋长管辖。赤道几内亚在建立现代政权以后，出于安定局势和稳定政权的考虑，对酋长制度采取了既限制改造又尽量利用的政策，以保证政府的方针政策能够在酋长势力地区得以贯彻执行。随着社会进步和发展，酋长和政府建立了新的合作关系。

三　主要社会发展指标

如表6-4所示，赤道几内亚的人类发展指数[①]世界排名位偏

---

① 人类发展指数（Human Development Index）是由联合国开发计划署在《1990年人类发展报告》中提出的，用以衡量联合国各成员国经济社会发展水平的指标，是对传统的GNP指标挑战的结果。1990年，联合国开发计划署创立了人类发展指数，即以预期寿命、教育水准和生活质量三项为基础变量，按照一定的计算方法得出的综合指标，并在《1990年人类发展报告》中发布。1990年以来，人类发展指标已在指导发展中国家制定相应发展战略方面发挥了极其重要的作用。之后，联合国开发计划署每年都发布世界各国的人类发展指数，并在人类发展报告中使用它衡量各个国家人类发展水平。

低，人文发展水平较低，反映了其作为发展中国家在促进人文发展方面的不足（见表6-5）。2016年，赤道几内亚的人类发展指数为0.592，位居世界第135名，处于中等偏下水平。

表6-4 2000~2016年赤道几内亚人类发展指数及世界排名

年份	人类发展指数	世界排名	年份	人类发展指数	世界排名
2000	0.476	—	2011	0.553	136
2005	0.517	—	2012	0.556	141
2010	0.559	117	2013	0.556	144

资料来源：联合国开发计划署人类发展报告（http：//hdr．undp．org/en）部分年代数据。

表6-5 1980~2013年赤道几内亚主要社会经济发展指标

年份	人均寿命（岁）	上学时间*（年）	人均国民总收入**（美元）
1980	43.0	—	3184
1985	44.8	—	2802
1990	46.5	—	2253
1995	47.6	—	2657
2000	47.7	5.4	5625
2005	48.8	5.4	14334
2010	51.5	5.4	31256
2011	52.0	5.4	23832
2012	52.6	5.4	23752
2013	53.1	5.4	21972

* 赤道几内亚的适龄儿童有机会在学校学习的时间。

** 采用购买力平价（PPP）统计方法，以2011年不变国际美元为单位计算出的人均国民总收入（Gross National Income）。

资料来源：联合国开发计划署，http：//www．un．org/zh/aboutun/structure/undp/。

四 社会组织

赤道几内亚宪法和国内法律法规允许成立工会和非政府组织，

第六章 社　会

并且政府对成立工会和非政府组织严格管理。2001年，赤道几内亚成立了小型农场主联合会（Small Farmers Syndicate），这是赤道几内亚第一个合法成立的联合会，也是当地主要的非政府组织。由于赤道几内亚政府重视政党在社会生活中的作用，客观上抑制了社会组织的发展，因此社会组织发展并不顺畅，而且也难以开展有效的活动。

五　社会治安

赤道几内亚政治局势基本稳定，社会较为平稳，安全形势总体上较好，鲜有严重的暴力犯罪，但远非太平无事，偷盗、不携带武器的徒手抢劫时有发生，特别是在夜间和偏僻地段。第一首都马拉博治安情况较好，但近年来巴塔等大陆地区的治安情况有恶化的趋势，明显不如以前，刑事犯罪案件增多，针对中资企业和中国侨民的犯罪案件时有发生。每年12月圣诞节前夕是偷盗抢劫高发期。

第三节　医疗卫生

一　概况

由于经济落后，赤道几内亚医疗卫生水平较低，人民生活条件较差。全国有68%的人用不上自来水，有63%的人患病得不到及时治疗，有85%的孕产妇得不到产前检查。孕产妇死亡率为0.4%（1995年）和0.325%（1996年），儿童死亡率达11.1%（2000年），高于非洲的平均水平19.7%。据世界卫生组织统计，2009年赤道几内亚全国医疗卫生总支出占GDP的3.9%，人均医疗健康支

出为 1383 美元。2000~2010 年，全国平均每万人拥有医生 3 人、护理和助产人员 5 人、药师 2 人、医院床位 19 张。

2010 年以来医疗水平有较大提高。根据联合国开发计划署《2014 年人类发展报告》公布的人类发展指数，赤道几内亚在 187 个国家中排第 144 位。全国有 2 所大区级医院、4 所省级医院、12 所区级医院、42 个医疗中心和 300 个卫生站，共有病床 1019 张；有医生 58 人，医疗技术人员 165 人，护士和服务人员 800 余人，平均每万人有病床 19.2 张。据世界卫生组织统计，2015 年赤道几内亚男性与女性的出生期望寿命分别为 57.60 岁，15~60 岁男性与女性的死亡率分别为 3.46‰和 2.91‰，人均卫生总支出（PPP 国际美元，2014）为 1163 美元，卫生总支出占国内生产总值的百分比（2014）为 3.8%。

二 医疗卫生制度和医疗服务保障

2007 年 2 月，奥比昂总统签署法令，规定私人行业最低工资为 95400 中非法郎。赤道几内亚卫生部 2007 年推出"希望计划"，从 2007 年 2 月起，古巴医疗队每周末为低收入群体提供免费手术。2010 年 2 月 4 日，赤道几内亚启动了妇女及老龄人口社会经济状况普查。

赤道几内亚卫生部医药管理部门发出通告，为保证国民用药安全，凡在赤道几内亚开设的医疗诊所或销售药品的药房，必须从政府规定的部门或渠道购进药品，未经政府许可私自进口药品被视为非法。

2013 年 5 月 16 日，赤道几内亚卫生部宣布，赤道几内亚政府计划在未来四年内逐步更新全国所有医院的医疗设备。近年来，为改善医疗卫生条件，赤道几内亚政府进行了大量投资，新建了多所医院，使赤道几内亚居民的就医条件得到了较大改善，费用也低于周边国家，尤其是赤道几内亚的医院为居民免费治疗艾滋病、疟疾和肺结核。因为赤道几内亚政府要求外资石油企业必须投资当地民生工程，所以外资公司在赤道几内亚政府改善居民医疗卫生条件的行动中表现得十分活跃。

2014年5月7日，世界卫生组织发布报告，宣布赤道几内亚的婴儿死亡率较2000年降低了75%，提前两年完成世界卫生组织降低婴儿死亡率的千年计划。该报告称，2000年，赤道几内亚是世界上11个高婴儿死亡率国家之一，世界卫生组织为其设定了在15年内将婴儿死亡率减少75%的千年计划。2000~2013年，得益于经济的发展和政府的支持，赤道几内亚在减少疟疾、改善食品安全、更新医疗设备、海外培训医护人员等方面付出了艰辛的努力，医疗卫生条件得到相当大的改善，高效地完成了降低婴儿死亡率千年计划。此外，赤道几内亚还与世界卫生组织、联合国教科文组织、比尔·盖茨和梅琳达基金会等国际组织和机构通力合作，积极推动各项医疗和科研项目的开展。

三 流行疾病的防治

（一）艾滋病的防治

近年来，艾滋病在赤道几内亚迅速蔓延，2009年成人艾滋病感染率高达5%，艾滋病病毒携带者约2万人。造成这种情况的主要原因是：该国民众对艾滋病及其预防知识严重匮乏，外来人口的迅速增加，外国生活方式的进入，以及医疗设备和药物的缺乏。根据赤道几内亚卫生部和联合国艾滋病联合规划署（UNAIDS）2002

赤道几内亚

年的相关报告，在赤道几内亚近 100 万人口中，艾滋病病毒感染者已超过 1.1 万人，其中女性远高于男性。艾滋病患者中，65% 是女性，其中 15~34 岁患者占女性患者总数的 66.27%；男性患者占 35%，其中 20~49 岁患者占男性患者总数的 70.53%。令人震惊的是，在最近几年妇女儿童死亡病例中，因艾滋病死亡的比例竟然高达 75%，可见艾滋病防治压力很大。有专家分析，赤道几内亚艾滋病人数迅速上升的主要原因是民众对艾滋病的认识及其预防知识严重缺乏，外来人口迅速增加、外国生活方式的引入以及缺乏医疗设备与药物。

赤道几内亚政府非常重视艾滋病的防治工作，早在 2001 年就成立了由奥比昂总统亲自主持的防治艾滋病委员会。2004 年 6 月，奥比昂总统发布总统令，批准向艾滋病病毒携带者提供药品和免除部分治疗费用。同年 8 月，赤道几内亚政府与联合国儿童基金会（UNICEF）在马拉博联合举办"防治艾滋病研讨会"。2005 年 2 月，赤道几内亚卫生部部长在马拉博主持召开医治艾滋病协调会；4 月，赤道几内亚政府批准成立援助艾滋病基金会（AYES）；7 月，启动社会发展基金，加大力度发展教育和卫生事业。2006 年底，赤道几内亚政府采取措施，开始为艾滋病患者和艾滋病病毒携带者免费提供检查和药品，并在全国各大医院增设化验室以便能及时检测艾滋病病毒。尽管政府采取了必要的措施，但赤道几内亚艾滋病的防治形势依然十分严峻。据联合国艾滋病规划署 2012 年发布的《2012 世界艾滋病日报告》，2010~2012 年，非洲儿童新增艾滋病感染人数下降了 24%，但赤道几内亚的人数反而有所增长。政府将继续加大对艾滋病防治的重视，增加相关项目的开支。

(二) 麻疹、疟疾的防治

赤道几内亚政府通过启动社会发展基金来加强对常规流行疾病的防治工作。如2005年8月，赤道几内亚政府为全国14岁以下儿童免费接种麻疹疫苗，对有效防治麻疹大规模发生具有积极的意义。

赤道几内亚积极与相关国家和外国公司合作应对疟疾的挑战。2009年5月5日，赤道几内亚与中国合作建立疟疾防治中心，这个国家级的合作中心成为中国和赤道几内亚两国疟疾防治工作者交流的平台，中国专家组在该中心与赤道几内亚疟疾防治专业人员进行疟疾防治策略的探讨、疟疾防治措施与技术的交流、石油疟疾防治人员的培训等工作。赤道几内亚政府还和美国马拉松石油公司合作开发抗疟药，建立了一个能生产抗疟药品和疟疾疫苗的制药厂。赤道几内亚政府每年都会下大力气推动疫苗接种，疟疾等地方病防治和控制，为此增加特别经费开支。

(三) 埃博拉的防治

2014年埃博拉病毒肆虐非洲期间，赤道几内亚积极配合世界卫生组织的行动计划。2014年8月22日，赤道几内亚接收了世界卫生组织捐赠的一批埃博拉病毒防护物资，主要包括防护服、护目镜、口罩、手套等一次性医疗用具。同时，赤道几内亚政府投入6亿中非法郎，采购了两辆专用救护车、两台红外线体温测量仪、8个流动隔离站等专用设备，并组织专家培训医疗卫生护理人员。这些设备到位后，赤道几内亚已经完全有能力及时发现疑似病例并采取隔离措施。这些工作为赤道几内亚有效防治埃博拉起到了积极作用。

四 医学科学研究

近年来赤道几内亚积极举行和参加各种国际医学会议，并与世

赤道几内亚

界各国合作进行相关流行病的疫苗研制工作，在抗击和防治疟疾、小儿麻痹症、艾滋病和埃博拉疫情方面有较为积极的行动。

2012年12月20~21日，中部非洲外科医学研讨会在马拉博西波波会议中心举行，近50余名来自喀麦隆、中非、乍得、刚果（布）、赤道几内亚、加蓬等国外科医学专家参加了此次会议。在此次会议上，与会代表就热带流行病、肿瘤手术、内窥镜手术、外部创伤治疗等课题进行了讨论。

2013年9月17日，赤道几内亚卫生部举行了新闻发布会，介绍了疟疾疫苗临床试验计划。该计划为赤道几内亚政府公共卫生计划的一部分，由赤道几内亚卫生部和矿业工业和能源部、诺贝尔能源公司、马拉松石油公司、大西洋甲醇公司出资，美国萨纳利亚（Sanaria）生物科技公司和坦桑尼亚爱法卡拉（Ifakara）研究院承办。据萨纳利亚生物科技公司代表裴塞尔（Peither）介绍，赤道几内亚将是继坦桑尼亚之后第二个进行疟疾疫苗临床试验的国家。他希望此次疟疾疫苗临床试验能在赤道几内亚取得成功，以减少疟疾在非洲的肆虐。该计划已于2014年第一季度在伦理委员会的监督下正式开始实施，相关结果通过了2014年10月15日非洲疫苗监管论坛的审议。

2014年4月17日，在接连出现3例小儿麻痹症后，赤道几内亚卫生部召开新闻发布会，宣布从4月21日起在全国范围内开展疫苗接种行动。赤道几内亚政府在世界卫生组织和联合国教科文组织的指导下进行疫苗接种活动。此次疫苗接种行动分为三个阶段，一直持续到6月，接种对象为赤道几内亚国内15岁以下儿童。

2014年8月30日，赤道几内亚总统奥比昂签发了2014年113号总统令，宣布成立全国埃博拉防控技术委员会。该委员会主席和副主席分别为赤道几内亚总统府艾滋病与传染性病防治部部长托马斯和卫生部部长迪奥斯塔多。该委员会负责采取必要措施监控出入境人员、向民众宣传防控知识、培训边防管控人员、布置隔离场所等。

五 中国的医疗援助工作

1971年6月，中国政府和赤道几内亚政府签订了关于中国政府同意派遣医疗队赴赤道几内亚工作的议定书，拉开了中国援助赤道几内亚医疗工作的序幕。到2014年，中国已向赤道几内亚派遣了27批医疗队，合计人数500多人，共治疗门诊病人100多万人。

援非期间，医疗队员克服了气候炎热、疾病威胁、缺水少电、通信不便等重重困难，不畏艰险、兢兢业业地为赤道几内亚人民的健康服务。除积极防治传染病、常见病和多发病外，医疗队员还为赤道几内亚引进了肿瘤摘除、断肢再植等高精尖医学临床技术，并将中国传统医药以及针灸、推拿等中医诊疗方法带到赤道几内亚，使非洲朋友极其欣赏和佩服。中国援助赤道几内亚的医疗队得到了赤道几内亚政府和人民的热烈欢迎及广泛赞扬，被誉为"南南合作的典范"，医疗队员被称为"白衣天使"或"友好使者"。

2014年，中国援助赤道几内亚医疗队共有医疗队员27名（其中翻译2名），第一首都马拉博分队12人，陪都巴塔分队11人，总统保健组4人。医疗队服务科目有内科、妇科、眼科、骨科、外科、儿科、检验、麻醉及药剂；工作地址为马拉博/巴塔市地区医院；联系电话为00240-222245899，00240-222252521，00240-333096226，00240-333093031。

中国还援建了一个赤道几内亚疟疾防治中心。该中心由赤道几

赤道几内亚

内亚卫生部提供用房、中国援助设备和药品、浙江省疾病预防控制中心负责实施,并已于 2009 年 6 月建成。该中心坐落在赤道几内亚巴塔总医院,是赤道几内亚第一个以防治疟疾为主的医疗机构,条件较好。赤道几内亚政府对该中心的设立十分重视,目前由中国援外医疗队暂管。

第七章

外　交

赤道几内亚奉行不结盟、睦邻友好和多元化的外交政策，注意发展同世界各国的友好合作关系，重视同邻国保持睦邻友好的关系，并积极参加地区经济和政治合作，以促进本国的发展。赤道几内亚同中国的关系十分友好并发展顺利，两国政治上互信，经济上特别是能源领域合作不断深化，在国际事务中相互支持。2015年4月两国关系已提升为平等互信、合作共赢的全面合作伙伴关系。

第一节　外交政策

赤道几内亚自独立以来，始终奉行不结盟、睦邻友好和多元化的外交政策，主张在和平共处、平等互利的基础上加强与各国的友好合作关系，坚持维护民族独立、国家主权和领土完整，反对霸权主义和强权政治，要求建立国际政治经济新秩序。赤道几内亚在国际上坚持同世界上一切爱好和平的国家加强友好合作，主张民族自决和不干涉别国内政。2016年，赤道几内亚同121个国家建立了外交关系。其中，中国、美国、西班牙、法国、尼日利亚、加蓬、喀麦隆、摩洛哥、俄罗斯、朝鲜、古巴等国在赤道几内亚派有常驻

大使或代表，其他国家则派有兼任大使。

在非洲事务中，赤道几内亚反对外国势力干涉非洲国家内部事务，主张非洲国家制定共同战略，争取正常的发展环境。赤道几内亚支持非洲大陆的团结和统一，支持大陆性的、地区性的和小地区性的经济合作。为改善与邻国的关系，赤道几内亚总统奥比昂更是不辞羁旅之苦，来往穿梭于各邻国，以求得相互理解和友好合作。赤道几内亚积极参与地区事务和经济合作。1983年，赤道几内亚加入中非国家经济共同体。1984年8月27日，奥比昂总统在马拉博签署了赤道几内亚加入中非国家银行和中非法郎区的协定，从而更加强了与非洲各地区之间的联系。2000年2月，中非国家经济共同体国家元首与政府首脑会议第三次特别会议在赤道几内亚第一首都马拉博召开；6月，在马拉博召开了中非国家经济共同体和平与安全理事会部长级会议。

赤道几内亚重视独立，反对外国以任何借口干涉本国内政。赤道几内亚总统奥比昂对西方国家以人权为由肆意干涉赤道几内亚内政深恶痛绝。他指出，"欧洲国家尤其是西班牙，从来就没有忘记从政治和经济上控制赤道几内亚，它们以在赤道几内亚实现民主为借口，利用反对党来推翻和取代现政府，从而达到真正控制赤道几内亚的目的"。他认为，西方对赤道几内亚的控制手段主要是政治上"压"，经济上"卡"。他说，赤道几内亚虽然是一个小国，却是一个主权国家，需要的是平等与尊重。赤道几内亚政府认为，发展中国家的独立和主权应该得到维护，各国的事务应该由各国人民自己决定，其发展道路应该符合各自国情。

赤道几内亚是非洲联盟、中非国家经济共同体和中非经济与货币共同体成员国。

第七章 外　交

第二节　同西方国家的关系

赤道几内亚自奥比昂总统执政以来，非常注意发展同西方国家的友好和合作关系。一方面，赤道几内亚需要西方各国的资金、技术和现代化管理经验来促进本国经济和社会的发展；另一方面，它又十分警惕西方把经济援助与干涉本国内政联系起来。20世纪90年代后期，奥比昂总统有意改善同欧盟的关系，1997年10月，他访问布鲁塞尔并与欧盟领导人商谈恢复援助问题。然而，1998年欧盟虽宣布恢复对赤道几内亚的援助，但要求赤道几内亚"改善"本国的人权状况。赤道几内亚政府对此予以坚决拒绝。赤道几内亚不过分依赖某一西方国家，并力图摆脱原宗主国西班牙的影响，主动与法国密切联系，从而使西方国家之间形成相互平衡和相互制约的关系。赤道几内亚近海发现大量石油后，为开采石油，赤道几内亚同欧盟和美国的关系开始稳步发展。

一　同西班牙的关系

（一）两国的传统关系与短暂疏离

西班牙是赤道几内亚的原宗主国，因此赤道几内亚是非洲唯一讲西班牙语的国家。赤道几内亚自独立以来，绝大部分时间都与西班牙保持着传统关系，只有在马西埃执政期才执行了短暂的疏远西班牙的政策，并于1977年3月与西班牙断绝了关系。

（二）政变后的"蜜月时期"

奥比昂领导的政变成功后，西班牙与新政府的关系很快密切起来。政变后第四天西班牙即率先承认新政权，表示对奥比昂政权的

支持，随即两国恢复了外交关系并且互派大使。1979年，西班牙派出政府代表团与奥比昂政府商讨西班牙向赤道几内亚提供社会经济技术援助问题。随后，西班牙政府派出警察帮助赤道几内亚维持秩序，并赠送大批物资。此后两国关系不断发展，互访频繁。1978~1982年，西班牙共派遣了250多名专家帮助赤道几内亚重建。1982年5月13日至15日，应西班牙首相卡尔沃·索特洛的邀请，赤道几内亚最高军事委员会主席奥比昂对西班牙进行了访问。访问期间，两国领导人就两国关系以及西班牙向赤道几内亚提供技术援助进展情况交换了意见。奥比昂的访问使两国关系得到进一步巩固和加强。西班牙每年向赤道几内亚提供约2500万美元的援助，是赤道几内亚的主要援助国。

（三）两国关系中控制与反控制、干涉与反干涉的斗争

赤道几内亚在对待与西班牙的关系上既重视引进西班牙的资金、技术与经验，也注意维护自己的主权与独立，反对西班牙通过援助插手赤道几内亚内部事务。赤道几内亚与西班牙的关系在某种程度上可以说是控制与反控制、干涉与反干涉的斗争，但赤道几内亚又非常注意方式的灵活性。1983年5月，赤道几内亚军士米科因阴谋推翻奥比昂总统政权被捕，赤道几内亚军事法庭拟判处米科死刑，但西班牙希望赤道几内亚做出不处决米科的保证。两国关系顿时紧张起来。1983年7月，赤道几内亚外长马塞利诺抵达马德里，同西班牙首相冈萨雷斯会晤并带去了奥比昂的亲笔信，但紧张关系并未得到缓和。西班牙威胁赤道几内亚，若处决米科，西班牙政府将强硬地中断双方关系，并撤走西班牙在赤道几内亚工作的400名人员；而赤道几内亚则要求西班牙撤走西班牙驻留在本国的军事人员。这一切导致两国关系更为紧张。为了缓和两国的紧张关

系，1983年7月底，赤道几内亚总统奥比昂亲自访问西班牙并同西班牙首相会晤。西班牙外交部在奥比昂访问结束后发表公报说，西班牙同赤道几内亚一致认为有必要以"相互尊重"的精神致力于重建两国的合作关系。双方认为，"西班牙同赤道几内亚之间的关系已进入了一个非常具有建设性的新时期，因为两国关系已在相互尊重、互不干涉内政和友好的精神下得到了澄清"。可见，奥比昂总统的访问改善了两国关系。

（四）多党民主制浪潮背景下两国关系发生波折

20世纪90年代，由于受国际形势的影响，多党民主制浪潮冲击撒哈拉以南非洲。西班牙频频向赤道几内亚施加压力，"敦促"其推行多党制。1991年8月赤道几内亚实行多党制后，以奥比昂为首的民主党在1993年11月的议会选举中获胜。西班牙则攻击大选"是一场民主闹剧"，指责奥比昂舞弊、违反人权、压制反对党，赤道几内亚则抗议西班牙借口人权问题"歪曲事实，试图欺骗国际舆论，损害赤道几内亚人民的利益"。同年12月，赤道几内亚外长宣布西班牙驻赤道几内亚巴塔总领事为不受欢迎的人，西班牙则驱逐了一名赤道几内亚驻西班牙的外交官作为报复。1999年赤道几内亚进行总统选举，由于西班牙支持反对党，赤道几内亚与西班牙的关系急剧恶化。4月19日，赤道几内亚爆发了大规模的群众示威活动，抗议西班牙"粗暴干涉赤道几内亚内政"。赤道几内亚官方还透露，西班牙"正在策划军事活动，准备对赤道几内亚政府和人民动武"。4月24日，赤道几内亚最高军事法庭以"勾结西班牙，阴谋政变"的罪名判处亲西班牙的赛德罗·莫托和另外11名同案犯14～30年徒刑；西班牙则针锋相对，发起了一场指责赤道几内亚总统奥比昂"践踏人权"的强

大攻势。至此,两国关系恶化到极点,西班牙也中断了对赤道几内亚的经济援助。

(五) 关系再度缓和,努力寻求合作

1999年选举风波后,两国均在努力寻找机会改善双边关系。1999年7月,赤道几内亚第一副总理兼外长访问西班牙,两国签署了《2000~2002年合作协议》。同年,西班牙决定恢复对赤道几内亚的官方援助。为了进一步改善关系,2000年9月,奥比昂总统在纽约出席联合国千年首脑会议期间与西班牙首相阿斯纳尔举行会晤,双方发表联合声明,表示将"努力改善两国事实上已停滞不前的关系"。此后两国关系逐步发展。2001年,奥比昂两次访问西班牙,并出席西班牙语国际大会,表示将努力改善两国关系。西班牙也出于保护在赤道几内亚经济利益的考虑,对赤道几内亚人权等问题的态度有所软化,对奥比昂推行的民主表示认可。2002年5月,西班牙贸易与旅游国务秘书胡安·科斯塔访问赤道几内亚期间表示,西班牙希望在政治、经济和社会发展方面加强同赤道几内亚的合作;9月,赤道几内亚政府代表团回访西班牙。

2004年3月6日赤道几内亚发生未遂政变后,赤道几内亚政府指责西班牙与政变有关,两国关系再度紧张,但两国均采取措施促成了关系的再度缓和。2006年1月,西班牙宣布撤销对流亡西班牙的赤道几内亚反对党领袖塞韦罗的政治庇护。2006年11月,奥比昂总统对西班牙进行正式访问。其间,奥比昂总统参加了赤道几内亚驻西班牙大使馆的开馆仪式。此后两国各级官员互访频繁。

2012年11月,赤道几内亚外长姆巴访西,与西班牙外长加西亚·马格约签署了《赤道几内亚与西班牙航空合作协议》。2014年

第七章 外　交

3月，奥比昂总统赴马德里出席西班牙前首相苏亚雷斯国葬典礼；6月，西班牙首相拉霍伊出席在赤道几内亚举行的第23届非盟首脑会议等，为两国关系的再度缓和与发展起到了促进作用。

二　同法国的关系

早在20世纪80年代，奥比昂就试图摆脱西班牙的影响加入法国阵营。1983年，赤道几内亚与法国的关系得到加强，奥比昂总统多次访法。

（一）同法国的经济贸易社会关系

法国积极推动赤道几内亚加入中非国家经济共同体和中非法郎区。1983年12月，赤道几内亚成为中非国家经济共同体的成员。中非国家经济共同体于1983年10月在加蓬首都利伯维尔成立，包括安哥拉、布隆迪、喀麦隆、中非共和国、刚果（布）、加蓬、赤道几内亚、刚果（金）、卢旺达、乍得、圣多美和普林西比11个成员。这些国家大部分是法国的前殖民地，并且与法国保持着密切的经济、社会和文化联系。赤道几内亚在1984年8月加入中非国家银行，并于1985年1月完全加入中非法郎区，用中非法郎作为国家货币代替本国原有货币比奎莱。非洲金融共同体法郎区包括14个非洲下撒哈拉地区国家、科摩罗和法国。这14个国家包括西非地区的贝宁、布基纳法索、科特迪瓦、几内亚比绍、马里、尼日尔、塞内加尔、多哥，中非地区的喀麦隆、中非共和国、刚果（布）、加蓬、赤道几内亚和乍得。非洲金融共同体法郎区脱胎于法国在非洲的前殖民国家共同体，其主要目的是共同保证上述国家在宏观经济上的稳定性。为了吸引赤道几内亚加入中非法郎区，1984～1985年法国共向赤道几内亚提供了2190万中非法郎的援

助,此外还有一笔5300万中非法郎的贷款。这等于是法国承担了赤道几内亚参加中非法郎区应向法国中央银行交付的约一亿法郎的基金。在这种情况下,两国关系日趋密切。

在两国关系密切的背景下,法国对赤道几内亚的进出口也大幅增加。法国对赤道几内亚的进口从1983年的1100万法郎增加到1984年的2770万法郎,出口从1983年的1200万法郎增加到1984年的8000万法郎。在赤道几内亚居住的法国人逐年增长,1986年增长了近10倍。1987年11月,两国混合合作委员会在马拉博召开第一次会议,达成了法国继续巩固和扩大已有合作项目的协议。

法国通过免除债务和提供援助的方式加强与赤道几内亚的经济关系。1989年,法国政府决定免除赤道几内亚所欠法国的全部债务;同年,赤道几内亚宣布法语为其第二官方语言。1990年,法国向赤道几内亚提供5亿中非法郎的贷款。法国每年向赤道几内亚提供约2000万美元的援助。1994年中非法郎贬值后,法国又免除了赤道几内亚的全部债务,并及时向其提供贷款,帮助其渡过难关。2000年3月4日,两国签署了法国向赤道几内亚提供7亿中非法郎财政援助的议定书,全部援助将用于发展赤道几内亚社会医疗事业。

法国帮助赤道几内亚加强基础设施建设。法国援助赤道几内亚建设了一个水电站,帮助赤道几内亚培训管理人员,建设巴塔卫星地面接收站,加强赤道几内亚民航公司的基础建设与管理,修复巴塔至埃贝比因的公路,为赤道几内亚训练武装宪兵等。2000年3月,赤道几内亚与法国建筑公司正式签署了修建马拉博机场新候机楼工程合同,总造价26.5亿中非法郎。

(二) 与法国的政治关系

法国一向支持赤道几内亚政府,法国向赤道几内亚总统府、国防部等部门派有顾问。两国设有混合合作委员会。特别是1993年以来,赤道几内亚受到西班牙、美国政治和经济的双重压力,不断加强与法国的关系。1996年赤道几内亚大选期间,赤道几内亚与西班牙关系趋于紧张,法国于1996年2月及时向赤道几内亚提供了3500万中非法郎,帮助其完成选民登记。自赤道几内亚推行多党制以来,法国官方很少发表不利于奥比昂政权的言论。

2011年9月,因奥比昂总统长子曼格涉嫌挪用国际社会援助资金一事,两国关系受到影响。在此期间,法国警方搜查了曼格在巴黎的住宅并查扣了其豪华轿车。2012年2月,赤道几内亚政府发表声明,敦促法方尽早归还曼格被查扣的资产;7月,因曼格拒绝到庭接受问询,法国法院以涉嫌洗钱和挪用公款罪对其发出通缉令。2016年5月,法国财政检察院以"涉嫌洗钱和挪用公款"起诉曼格,赤道几内亚总统府国家新闻办公室发表政府公报予以强烈谴责。2016年6月,赤道几内亚向国际法院提起对法国的诉讼。赤道几内亚在诉讼中否认法国检方的指控,并且向国际法院主张曼格因其副总统身份而享有外交豁免权,法国司法部门也因此无权管辖此案。

(三) 两国政府间主要外交往来

近年来,奥比昂总统多次访法。法国同意向赤道几内亚提供新的援助并扩大两国在经贸领域的合作。2007年10月,奥比昂总统赴法出席联合国教科文组织第34届大会,并与法国总统萨科齐会见。2010年3月,奥比昂总统在马拉博会见法国陆军上将、国防

及安全合作主任马努埃尔·佩特,双方就加强安全领域合作、在巴塔建立海军学校之事交换了意见。但自2011年法国警方搜查并通缉曼格以来,赤道几内亚与法国的关系冷淡,外交往来也基本中断。

三 同美国的关系

(一) 两国的断交与复交

独立后,赤道几内亚与美国的关系经历了从断交到复交的曲折发展过程。由于在马西埃统治时期,赤道几内亚奉行极左的外交政策,对西方国家一概采取封闭和排斥的做法,并在1976年与美国断交。奥比昂执政后,赤道几内亚的外交政策变得开放和主动。通过双方的外交努力,1979年11月两国复交,美国副国务卿和赤道几内亚外长进行了互访。

美国也对赤道几内亚提供了物质援助。1983～1985年,美国向赤道几内亚提供了460万美元的经济援助;1986年,美国国际开发署向赤道几内亚赠款300万美元用于发展农业。此外,美国每年还赠款100万美元用于培养赤道几内亚留学生,并派和平队在赤道几内亚工作,向赤道几内亚捐赠了一所拥有200～300个床位的流动医院。

这一时期,两国关系明显受到国际格局和冷战的影响,美国为了在全球对抗苏联,不惜花费巨资,通过援助等方式取得第三世界国家的支持。美国与赤道几内亚关系的发展是美国全球战略和非洲战略的一个组成部分。

(二) 民主化浪潮对两国关系的影响

20世纪90年代初,民主化浪潮在非洲兴起,美国出于推广以

第七章 外 交

"自由""民主"等理念为核心的价值观的需要，在政治和经济上向赤道几内亚施压，要求赤道几内亚改善国内民主和人权状况。在这种背景下，两国关系受到很大影响。美国对赤道几内亚的政党制度改革进程非常不满，并且通过逐步降低两国外交等级直至关闭使馆的方式对赤道几内亚政府施加压力。1993年，美国国公开批评赤道几内亚政府，并且从赤道几内亚撤回和平队。1994年，美国将两国外交关系降为代办级。1996年，美国关闭驻赤道几内亚使馆，但是为了自身利益，美国并未完全断绝与赤道几内亚的关系。20世纪90年代初，赤道几内亚近海发现石油，美国积极渗入，参与石油的勘探与开发。到1997年底，赤道几内亚的石油生产达到日产8万桶、年产400万吨的水平，石油产业是维系两国关系的重要纽带。

（三）1996年赤道几内亚大选前后两国关系开始改善

在1996年赤道几内亚总统选举中，奥比昂加强了同美国的合作关系。比如，在美国咨询公司的鼎力支持下，奥比昂设计了自己在大选中的形象；大选中，美国向赤道几内亚派遣了包括美国前总统卡特的儿子在内的观察员，并在国际舆论上支持奥比昂。两国关系由此开始好转。

（四）两国关系稳定发展

1999年4月，奥比昂总统对美国进行了工作访问。2000年，美国在巴塔开设了领事馆；美国"战略问题研究院"也派观察员到赤道几内亚监督其市政选举。

"9·11"事件为两国关系发展带来了新的转机。恐怖事件发生后，赤道几内亚公开支持美国反对国际恐怖主义，并借此进一步改善了与美国的关系。赤道几内亚政府在第一首都举行反恐怖主义大会，表示赤道几内亚反对任何形式的恐怖主义。2002年2月，奥比昂总统再次对美国进行了访问。2003年6月奥比昂总统访美期间，双方签署两国互不向第三国和国际法庭遣送对方公民协议；同年10月，美国驻赤道几内亚使馆在关闭7年后重新开馆。

此后两国各级官员互访增多，奥比昂总统也通过对美国的多次访问巩固了与美国的关系。2011年12月，奥比昂总统访美，接受了美国"苏立文基金会"授予的奖项。2012年6月，奥比昂总统访美并在休斯敦举办了赤道几内亚投资机遇论坛。2013年4月，奥比昂总统赴纽约出席联合国特别会议。2014年8月，奥比昂总统赴美出席首届美非首脑会议；9月，奥比昂总统赴美出席第69届联合国大会。2015年9月，第二副总统恩圭马赴美出席了第70届联合国大会。

四 同葡萄牙的关系

早在15世纪，葡萄牙人最先占领赤道几内亚安诺本、比奥科等地，并进行殖民统治和奴隶贸易。1494年后，赤道几内亚由西班牙统治。由此葡萄牙语成为赤道几内亚的语言之一。葡萄牙语已经被赤道几内亚确立为赤道几内亚的第三官方语言。赤道几内亚已加入葡萄牙语国家共同体。2013年4月，赤道几内亚任命首任驻葡萄牙大使。2014年7月，奥比昂总统赴东帝汶首都帝力出席第十届葡萄牙语国家共同体首脑会议，会议批准赤道几内亚成为该组织的第九个成员国。2016年3月，赤道几内亚外长姆巴出席了在里斯本举行的葡语国家共同体外长特别会议，并会见了葡萄牙外长桑托斯。

第七章 外 交

第三节 同苏联/俄罗斯的关系

一 马西埃执政时期与苏联的关系

马西埃执政时期，苏联在赤道几内亚派有大约250名文职专家、150名军事顾问和50名海员，还设立了卫星观测站和渔业基地。苏联军舰在卢巴港停泊。两国先后签订军事、渔业、航空等协议。事实上，当时苏联与赤道几内亚的关系并不是一种正常的双边关系，而是把赤道几内亚作为其在非洲与美国争夺势力范围的一个战略据点。

二 奥比昂执政时期与苏联的关系

1979年奥比昂执政以来，新政府废除了同苏联的所有协定，并终止了苏联军舰继续使用卢巴港的权利。20世纪80年代，赤道几内亚发生了两次未遂政变，总统奥比昂认为苏联涉嫌参与政变，断然下令驱逐苏联军事顾问并限制苏联驻赤道几内亚使馆人员。1980年5月，赤道几内亚政府要求苏联驻赤道几内亚大使将其使馆人员减至15名。1984年1月，苏联大使举行庆祝柬埔寨韩桑林政权成立5周年招待会，奥比昂严令禁止赤道几内亚官员参加。20世纪80年代后期，苏联多次建议重新签署渔业协定和要求重新使用卢巴港，均遭到赤道几内亚政府拒绝。1986年后两国关系有所发展，苏联有医生、教师等人员在赤道几内亚工作，苏联的民航飞机定期往返于莫斯科与马拉博之间。

三 苏联解体后与俄罗斯的关系

苏联解体后，俄罗斯继承了苏联主要的政治遗产，但由于复杂

的国内经济政治形势,无暇顾及非洲事务,与赤道几内亚关系进展不大。在很长时间内,这两个曾经联系紧密的国家几乎没有任何往来。

21世纪初,赤道几内亚与俄罗斯的关系慢慢恢复。一个重要的信号是2004年10月29日奥比昂总统任命原总统军事内阁办公室主任、空军上校法乌斯托(别名铁托)为新任赤道几内亚驻俄罗斯大使。铁托本人素来以稳重、务实、不张扬著称,深得政界人士好评,是赤道几内亚的一颗政治新星。更为重要的是,铁托是奥比昂的女婿,这表明奥比昂总统有意加强与俄罗斯的关系。

在赤道几内亚的邀请下,2005年2月28日,俄罗斯杜马议员团4人小组对赤道几内亚进行了为期两天的访问。访问期间,4人小组除与赤道几内亚议会进行业务交流外,还与赤道几内亚渔业与环境部签署了一项海洋工业捕鱼意向书。赤道几内亚渔业局长达玛索代表赤道几内亚政府在意向书上签字。同时,俄罗斯杜马议员团4人小组还邀请赤道几内亚渔业与环境部部长回访俄罗斯。

2011年奥比昂总统对俄罗斯的访问是赤道几内亚与俄罗斯双边关系发展的重要里程碑。2011年6月6日,作为非盟轮值主席和赤道几内亚总统的奥比昂正式出访俄罗斯,与俄总统梅德韦杰夫进行了会晤,双方就军事技术合作、油气能源开发签署了相关协议和备忘录,并就利比亚和中东局势深入交换了意见。在访问俄罗斯期间,奥比昂陆续会见了俄罗斯副总统等重要政治人物,广泛接触了俄罗斯社会各界人士。

赤道几内亚与俄罗斯的关系逐渐升温。2012年10月13日,赤道几内亚总统奥比昂会见了俄罗斯驻赤道几内亚大使尼克莱·拉茨博林斯基。拉茨博林斯基向奥比昂转交了普京总统对赤道几内亚独立44周年的贺电,并向奥比昂介绍了俄罗斯的国内政治经济情况。这表明两国关系的发展更进了一步。

赤道几内亚与俄罗斯都是世界上重要的石油与天然气生产和出口国，两国在能源领域有着较大的合作空间。2013年7月1~4日，应俄罗斯总统普京邀请，赤道几内亚总统奥比昂第二次访问俄罗斯，并赴莫斯科参加了第二届天然气出口国论坛峰会。

2015年7月28日，俄罗斯海军总司令维克托·奇尔科夫访问赤道几内亚，双方签署了俄海军舰艇进港简化程序的政府间军事协定。据悉，俄罗斯希望利用赤道几内亚的特殊地理位置，在该国建设一个港口设施与大型机场，并简化俄海军舰艇进港程序。之前俄罗斯导弹巡洋舰"莫斯科"号等已通过简化进港程序停靠赤道几内亚港口，并迅速获得淡水、粮食和燃料等物资补充。有分析说，这份军事协定不排除俄罗斯准备与赤道几内亚发展军事技术关系的可能，俄罗斯甚至有可能在互利情况下继续派飞机进驻赤道几内亚国际机场。这表明两国关系得到了进一步加强。

第四节 同非洲国家的关系

赤道几内亚的主要非洲邻国有尼日利亚、加蓬、喀麦隆、圣多美和普林西比等。赤道几内亚一向重视同邻国保持睦邻友好的关系，并且积极参加地区经济和政治合作，以促进本国的发展。赤道几内亚也重视发展同其他非洲国家的友好关系。

一　与加蓬的领土争端

（一）起因

赤道几内亚与加蓬有着长期密切的关系。赤道几内亚的芳族人

与加蓬北部地区居民同属一个民族。1900年，由于当时各自的宗主国西班牙和法国签署的有关条约含混不清，加蓬和赤道几内亚都认为科里斯科湾3个岛的主权归属自己；加上争端所涉及地带油气开采前景较好，牵涉两国的经济发展乃至国家的战略地位，两国为此发生争端。

（二）两国谈判和调解过程

1. 双边谈判达成协议，但效果不明显

20世纪70年代初，赤道几内亚与加蓬的领土争端经非洲统一组织调解，两国于1973年签订友好睦邻协定。1974年9月，加蓬总统邦戈访问赤道几内亚，双方签署了划分陆、海疆界协定；奥比昂总统也多次访问加蓬。近年来，由于近海发现石油，赤道几内亚同尼日利亚、加蓬、喀麦隆、圣多美和普林西比四个邻国确定领海疆界就变得日益重要，赤道几内亚表示要以谈判方式解决有关问题。1985年，赤道几内亚与加蓬成立混合委员会，就划界和双边合作等问题交换意见，但在科里斯科湾姆巴涅岛的归属和海域划分问题上仍存在分歧。1994年，两国就联合开发科里斯科湾的自然资源达成原则性协议。海域争夺的背后都有近海石油开发的因素，双方虽承诺举行谈判达成协议，但问题没有得到根本解决。

2. 矛盾激化，联合国斡旋

2003年2月，加蓬国防部部长登上与赤道几内亚有领土争议的姆巴涅岛并宣布该岛是加蓬领土，赤道几内亚政府迅速发表声明，重申该岛是赤道几内亚领土，要求加方立即从该岛撤军。双方矛盾激化。在这种情况下，两国都要求联合国进行斡旋。2004年7月，奥比昂总统与加蓬总统邦戈在联合国斡旋下在亚的斯亚贝巴签署共同开发姆巴涅岛资源的谅解备忘录。2006年2月，两位总统赴日内瓦接受联合国秘书长安南的调解；3月，联合国秘书长安南访问赤道几内亚，继续调解两国领土争端；9月，奥比昂总统对加蓬进行工作访问，两国元首表示将和平解决两国领土争端。

3. 关系缓和，解决之路仍然漫长

2008年以来，赤道几内亚和加蓬关于边界岛屿主权归属的争议总体上已有所缓和。赤道几内亚和加蓬两国领导人都表示希望通过谈判或者国际法院裁决来解决边界争端。为此，2008年6月11日联合国在纽约总部主持召开了有关赤道几内亚和加蓬边界争端的高级别会议。会上联合国秘书长潘基文对两国继续承诺以和平方式解决争端表示赞赏，重申联合国将继续就此提供协助。可以说，双方参与本次高级别会议显示出两国继续尝试解决问题的决心，但也反映了双方在领土争端问题上依然分歧严重。

4. 加强互访，增强互信，改善关系

双方关系缓和的一个重要契机是2009年加蓬总统邦戈去世，奥比昂总统出席了其葬礼，并在当年10月赴加蓬出席新总统阿里·邦戈的就职典礼。随后，加蓬新总统阿里·邦戈访问赤道几内亚。这表明赤道几内亚与加蓬的关系得到了一定程度的改善。

两国还继续加强双边合作，特别是2012年两国联合举办了第28届非洲国家杯足球赛，这在两国关系发展史上的确是一件里程碑式的事件。

在两国关系改善的背景下，2012年9月，奥比昂总统在出席第67届联合国大会期间，宣布将与加蓬的领土争端问题提交海牙国际法庭裁决。此后双方依然有较为密切的外交往来。如2013年1月，奥比昂总统访问加蓬并出席中部非洲经济与货币

共同体特别首脑会议;4月,加蓬外长伊索泽访问赤道几内亚;6月,奥比昂总统赴加蓬出席中非经济与货币共同体特别会议及第二届"纽约论坛·非洲"会议。2014年5月,奥比昂总统在马拉博会见加蓬总统特使、外交部部长伊索泽。虽然领土问题的解决非一朝一夕之事,但是两国领导人都有极大的诚意,并有高瞻远瞩的政治智慧,因此这个棘手的问题最终能通过双方协商合作予以解决。

二 与喀麦隆的边界争议

(一)起因

赤道几内亚与喀麦隆也有着悠久的传统关系。赤道几内亚的芳族人与喀麦隆南部地区的居民同属一个民族。喀麦隆与赤道几内亚之间的海陆边界系殖民者当年在地图上划定,至今未在陆上和海上全面落实。近年来,赤道几内亚因石油开采收入猛增,成为非洲仅次于尼日利亚和安哥拉的第三大石油生产国,喀麦隆劳工的涌入引起赤道几内亚的担忧,造成两国纷争迭起。

(二)边界非法劳工与边界冲突

在两国边界地带,长期存在非法的劳工问题。2009年1月8日,赤道几内亚单方面宣布关闭与喀麦隆的边界口岸,此后多次遣返在赤道几内亚非法务工的喀麦隆人。2010年2月,赤道几内亚和喀麦隆两国因喀麦隆海军快速反应部队快艇进入赤道几内亚海域发生外交争端。

(三)两国为解决边界问题的外交努力

2007年,两国成立海上边界勘定联合委员会,并多次举行工作会议。2010年2月,喀麦隆外长访问赤道几内亚,就两国边界

第七章 外　交

划定问题进行磋商，并就两国海洋划界问题发表了联合公报。2010年5月，喀麦隆副总理访问赤道几内亚，奥比昂总统予以接见；同月，奥比昂总统出席喀麦隆独立50周年庆典活动。2012年9月，赤道几内亚与喀麦隆签署了两国互免外交、公务护照签证的协议；11月，奥比昂总统访问喀麦隆。两国通过上述双边外交活动不断交换意见，力图消除分歧。

特别是两国的双边合作混合委员会成立以来，双方已在领事和边境安全等方面达成初步共识，签订了关于外交护照和公务护照互免签证的协议、关于成立常设安全委员会的协议、关于领事与边境安全委员会内部制度的合作议定书、关于赤道几内亚在喀麦隆杜阿拉市设立领事馆的协议。

2014年1月15~17日，喀麦隆和赤道几内亚两国政府在蒙戈莫成功举办了第五届边境安全与领事问题会议，成立了边境安全与领事问题跟踪常设联合委员会，同时赤道几内亚在喀麦隆的埃博洛瓦设立了总领事馆。

两国政府通过这些努力不断加强两国边境安全，建立了有效的领事协调机制。

三　与尼日利亚的关系

1999年3月，赤道几内亚根据《联合国海洋法公约》中的中间线条款单方面宣布海上边界，圣多美和普林西比对此未持异议，但尼日利亚、喀麦隆和加蓬三国对此存有较大异议。同年4月，尼日利亚全国领导委员会主席阿布巴卡尔访问赤道几内亚，双方表示将通过和平友好方式尽快正式划定两国海域边界。双方还倡议尽快成立几内亚湾委员会并召开几内亚湾国家首脑会议，讨论合理开

采、利用石油资源等共同关心的问题。

赤道几内亚与尼日利亚两国元首还注重通过加强互访增进两国友谊。2000年9月，尼日利亚总统奥巴桑乔访问赤道几内亚，两国元首签署了海域边界协定。2002年4月，奥比昂总统再次访尼，同尼总统签署共同开发海洋区域的协定。2006年3月，奥比昂总统第三次访问尼日利亚；12月，两国在尼日利亚首都阿布贾签订了能源合作协议。2007年5月，奥比昂总统出席尼日利亚新总统就职典礼。2008年7月，奥比昂总统会见到访的尼日利亚前总统奥巴桑乔。

2015年，赤道几内亚与尼日利亚在能源领域建立了深度合作关系。2015年1月5日，尼日利亚石油贸易公司泰勒维拉斯（Taleveras）集团与赤道几内亚政府签署协议，共同建造一个巨型石油储存中心。这个石油储存设施将建在比奥科岛上，具有储存134万吨原油和石油产品的能力，石油产品包括汽油、石蜡油、航空煤油和燃料油。这一石油储存中心建成后将是非洲最大的原油和石油产品储存设施。

四　与其他非洲国家的关系

赤道几内亚重视同邻国圣多美和普林西比的关系。1999年6月，赤道几内亚外长同圣多美和普林西比外长分别代表本国政府签署了两国关于划定海上边界的协定。2002年2月，圣多美和普林西比总统对赤道几内亚进行国事访问，两国元首签署了联合公报。2007年7月，奥比昂总统赴圣多美和普林西比参加圣多美和普林西比独立庆典。2008年2月，圣多美和普林西比总统访问赤道几内亚，并于10月应邀出席赤道几内亚独立庆典。2010年3月、

第七章 外　交

2011年9月、2012年3月和7月，圣多美和普林西比总统两次访问赤道几内亚。2013年8月，奥比昂总统会见圣多美和普林西比总理加布里埃尔。

赤道几内亚与加纳关系良好。2007年3月，奥比昂总统出席加纳独立50周年庆典。2009年2月，两国签署航空合作协议。2010年5月，加纳总统米尔斯对赤道几内亚进行国事访问。2012年初，奥比昂总统和米尔斯总统实现互访；8月，奥比昂总统赴加纳出席米尔斯总统葬礼。2013年1月，奥比昂总统出席加纳总统马哈马就职典礼。

赤道几内亚重视与其他非洲国家关系的发展。2000年，奥比昂总统出访了摩洛哥、安哥拉等非洲国家。2012年1~2月，奥比昂总统出访了津巴布韦、斯威士兰、乍得、乌干达等国；3月，贝宁总统、布隆迪总统分别访问了赤道几内亚；4月，奥比昂总统出席塞内加尔总统就职典礼；6月，奥比昂总统赴贝宁出席第18届非洲田径锦标赛开幕式；7月，奥比昂总统赴刚果（布）出席中非经济与货币共同体首脑会议；9月，奥比昂总统赴埃塞俄比亚出席埃塞俄比亚总理梅莱斯葬礼。2013年1月，奥比昂总统赴埃塞俄比亚出席第二十届非盟首脑会议；2月，奥比昂总统访问冈比亚；4月，贝宁总统亚伊访问赤道几内亚；5月，中非共和国临时总统乔托迪亚、利比里亚总统瑟利夫访问赤道几内亚。同月，奥比昂总统访问安哥拉；6月，尼日尔总统伊素福访问赤道几内亚；7月，贝宁总统亚伊、几内亚总统孔戴分别访问赤道几内亚；8月，奥比昂总统访问刚果（布），赴津巴布韦出席穆加贝总统就职仪式。2014年1月，奥比昂总统对斯威士兰进行工作访问；5月，奥比昂总统赴刚果（布）出席非盟联合安理会改革十国元首委员会峰会，

赴南非出席祖马总统连任仪式；6月，中非共和国临时总统桑巴潘沙访问赤道几内亚；7月，奥比昂总统访问卢旺达。

五　积极参与非洲地区国际组织与其他国际会议

赤道几内亚积极参加中非国家经济共同体和西非国家经济共同体的活动，积极融入地区一体化进程。1999年6月，刚果（布）、加蓬、喀麦隆、乍得、中非和赤道几内亚六国元首在赤道几内亚首都马拉博举行会议，决定正式启动中部非洲国家经济与货币共同体，取代原中部非洲关税和经济联盟，强化完善其职能，进一步加强各国的团结合作，以此推动整个中部非洲的一体化进程，以应对激烈的国际竞争和不利的外部环境，捍卫共同利益，谋求共同发展。2001年，赤道几内亚担任中非经济与货币共同体轮值主席；4月，奥比昂与西非国家经济共同体主席、马里总统科纳雷在马拉博举行会晤并发表声明，表示两国元首将共同努力加强两个共同体之间的合作，为非洲经济的发展和加速实现非洲一体化而努力。2001年，奥比昂总统先后出访了摩洛哥、利比亚、加蓬、乍得和刚果（布）等非洲国家；7月，坎迪多总理出席了非统组织第37届首脑会议。2002年3月，非洲石油生产国联合会第19届部长会议在赤道几内亚召开；6月，赤道几内亚第三次承办中部非洲国家经济共同体国家元首和政府首脑会议。此外，赤道几内亚还积极参与调解乍得和中非的冲突，并派兵参加中非经济与货币共同体在中非的维和行动。

赤道几内亚重视同非洲最大的国际组织——非洲联盟的关系。2011年6月，非洲联盟第17届首脑会议在赤道几内亚首都马拉博举行。赤道几内亚希望加强与非洲联盟的合作关系，寻找属于非洲

第七章 外　交

自己的道路。正如奥比昂总统2012年在第18届非盟首脑会议开幕式上致辞时所说："任何理由都无法为外部干预给非洲人民造成的伤亡及基础设施被破坏开脱。非盟及成员国应尽快加强能力建设，避免外部势力在非洲为所欲为的悲剧重演。非洲需要的是各方互利的真诚合作，而不是强加在人民头上的所谓民主。"2013年2月，第3届南美洲－非洲峰会在马拉博举行。2014年6月，第23届非盟首脑会议在马拉博举行。

2014年4月，奥比昂总统出席在布鲁塞尔举行的第四届欧盟－非洲峰会。7月，奥比昂总统赴东帝汶首都帝力出席第十届葡萄牙语国家共同体首脑会议，会议批准赤道几内亚为该组织的第九个成员国。

第五节　同中国的关系

一　两国关系发展历程

1970年10月15日，赤道几内亚与中国建交。建交以后，两国关系友好且发展顺利。1970年10月，中国政府代表参加赤道几内亚独立两周年庆祝活动并签署联合公报。建交以后，赤道几内亚与其他非洲国家是中国在第三世界中极为重要的朋友，特别是1971年第26届联合国大会决定恢复中国在联合国的合法席位，赤道几内亚作为恢复中国在联合国合法席位提案的发起国之一，不畏强权、仗义执言，与众多非洲国家一起将中国"抬"进了联合国。建交以来，双方往来比较频繁，1977年，赤道几内亚总统马西埃访问中国。这一时期，两国关系的发展以政治合作为主，一方面，

赤道几内亚

两国都属于发展中国家,有着较为相似的被殖民或者半殖民的经历;另一方面,双方都面临着相同的国内建设和发展任务,在国际交往中都奉行独立自主的外交政策,双方的外交关系主要还是基于彼此的政治需要。

1979年赤道几内亚政变后,新上台的奥比昂总统继续奉行对中国友好的政策,积极发展同中国的关系。1983年3月,赤道几内亚外交与合作部部长马塞利诺访问中国。特别是奥比昂总统多次来中国访问,巩固和发展了两国外交关系。中国领导人和各级政府负责人也经常访问赤道几内亚,为发展两国关系的发展做出了较大贡献。

建交以来,中国为赤道几内亚援建了水电站、公路、医院、广播电台等大量民生工程,派遣了多批医疗队、高级农业专家,积极帮助赤道几内亚提高医疗卫生水平和解决温饱问题。中国还秉承"授人以鱼不如授人以渔"的原则,将人力资源开发列为合作重点,帮助赤道几内亚增强自身"造血"能力。截至2014年底,中国共为赤道几内亚培训了1000多名各类人才,这些人才在赤道几内亚经济社会建设中发挥了重要作用。

目前,两国政治互信不断加深,经济合作特别是能源领域合作日益深化,在国际事务中相互支持。针对一些西方媒体炒作的中国对非关系为"新殖民主义"的言论,奥比昂明确批驳其是荒谬、毫无根据的指责,并表示非洲对中国怀有信心和信任。奥比昂在2015年会见到访的中国外交部部长王毅时说:"赤道几内亚把中国视为真正的好朋友。在赤道几内亚努力实现崛起梦想的过程中,中国给予了宝贵支持和帮助,且从不附加任何条件,两国兄弟情谊牢不可摧。"中国外交部部长王毅也说:"有人会问,为什么你们相互支持？因为我们是好朋友。有人还会问，你们为什么是好朋友？因为我们对这个世界有着相同的看法，有很多共同利益需要共同维护。我们都意识到，如果我们两个国家携起手来，如果我们跟其他志同道合的国家都携起手来，这个世界就会多一份和平！多一份公正！多一份美好！"

应中国国家主席习近平邀请，奥比昂总统于2015年4月27日至5月2日对中国进行了国事访问。4月28日，中国国家主席习近平在人民大会堂同赤道几内亚总统奥比昂举行会谈，两国元首一致决定将中赤关系提升为平等互信、合作共赢的全面合作伙伴关系。习近平指出，奥比昂总统长期致力于对华友好，积极推动两国各领域合作，是中国人民的老朋友和好朋友。2015年是中国和赤道几内亚建交45周年。45年来，两国政府和人民始终互帮互助、风雨同舟；两国友好历久弥坚，深入人心。会谈后，双方共同发表了《中华人民共和国和赤道几内亚共和国关于建立全面合作伙伴关系的联合声明》，两国元首共同见证了外交、教育、经济技术、贸易、航空、金融等领域双边合作文件的签署。

二 两国政治关系

两国建交以来，访问过赤道几内亚的中国党和国家领导人及官员主要有：邮电部副部长罗淑珍（1980年8月），水电部副部长李代耕（1983年8月），外交部部长助理周觉（1986年6月），外交部副部长杨福昌（1991年8月），地矿部部长朱训（1993年10月）、中联部副部长宦国英（1994年7月），国务院副总理兼外长钱其琛（1997年1月），外交部副部长吉佩定（1998年6月），全国人大常委会副委员长许嘉璐（2002年7月），外交部部长李肇星

(2007年1月)，商务部副部长魏建国（2007年3月），商务部副部长高虎城（2008年12月），外交部副部长翟隽（2009年3月任部长助理时、2011年6月作为中国政府特使出席非盟首脑会议），国务委员戴秉国（2010年7月），商务部部长陈德铭（2011年2月），中共中央书记处书记、中央纪委副书记赵洪祝（2013年9月），外交部副部长张明（2014年6月），外交部部长王毅（2015年1月）等。

访问过中国的赤道几内亚领导人有：总统马西埃（1977年9月）、副总统埃耶格（1974年8月）、外交和合作部部长马塞利诺（1983年3月）等。总统奥比昂先后于1984年8月、1990年4月、1996年9月、2001年11月、2005年10月访华，2006年11月出席中非合作论坛北京峰会，2010年8月出席上海世博会赤道几内亚国家馆日活动，2012年7月访华并出席中非合作论坛第五届部长级会议开幕式，2015年4月访华并与习近平主席共同发表两国建立全面合作伙伴关系的声明。此外，赤道几内亚外交和合作部部长埃内梅（1991年5月），议长萨洛蒙（2001年6月），外交、国际合作与法语国家事务部部长米查（2005年6月、2007年12月、2008年6月、2009年3月、2010年6月、2011年5月、2012年4月出席中国赤道几内亚第四届经济与贸易混合委员会），财政和预算部部长马塞利诺·奥沃诺·埃杜（2007年2月），财政和预算部部长埃斯塔尼斯劳·唐·马拉沃（2009年3月），外交和合作部部长姆巴（2012年7月出席中非合作论坛第五届部长级会议），赤道几内亚民主党总书记奥萨（2013年6月），第二副总统曼戈（2013年11月），以及赤道几内亚民主党总书记奥萨（2014年6月）等也先后访问中国。

三 双边经贸关系和经济技术合作

赤道几内亚十分重视发展同中国的友好关系。中国自1968年赤道几内亚独立以来就同赤道几内亚政府和人民密切合作，并帮助赤道几内亚建设自己的家园。中国政府和赤道几内亚政府先后签订了四个经济技术合作协定。根据协定，中国共承担了8个项目。其中，巴塔广播电台、电信工程、公路、毕科莫水电站、客货轮船、医院项目已先后交付使用。目前，在建的项目主要有外交部马拉博办公楼、职业技术学校、示范农场等。

两国签有经济技术合作协定，并设有经济与贸易混合委员会，迄今共召开了四次会议。两国于1971年1月签订了贸易协定。中国向赤道几内亚出口轻工业品、纺织品、药品和大米等，进口可可等产品。近年来在赤道几内亚发现石油后，中国从赤道几内亚进口的石油也大幅增长。

2000年，两国双边贸易额为3.2298亿美元，其中中国出口0.035亿美元，进口3.1948亿美元。2001年为5.1194亿美元，其中中国出口0.0336亿美元，进口5.0858亿美元。2013年为28.3亿美元，其中中国出口3.6亿美元，进口24.7亿美元。中国主要进口原油，出口机电产品、钢材等。中国在赤道几内亚承包工程的企业有20余家，主要承建电力、交通、住房等项目。

2015年4月28日，在中国国家主席习近平和赤道几内亚总统奥比昂的共同见证下，中国工商银行与赤道几内亚财政和预算部、中国出口信用保险公司在北京联合签署了20亿美元的基础设施合作框架协议。在此框架协议下，中国工商银行将与赤道几内亚政府建立长期的战略合作关系，并与中国信用保险公司一道，在未来项

赤道几内亚

目开发建设、市场运作以及融资交易等方面,为赤道几内亚政府和中资企业在赤道几内亚投融资提供金融支持。

2015年9月7日,赤道几内亚国民银行与中国银行巴黎分行签署合作谅解备忘录。双方将共同支持中国企业在非洲开展业务和非洲企业在中国开展业务,包括为中国银行客户开设账户、汇款和信贷(中银担保)等提供服务,支持中国企业在赤道几内亚和非洲其他国家开展投资,为中国企业提供联合融资或银团贷款,推动人民币在赤道几内亚等非洲国家的使用。

两国友好关系快速发展,高层互访日益频密,政治互信不断增强,为经贸务实合作营造了良好氛围。中资企业把握历史机遇,立足中非合作论坛峰会对非新举措和"十大合作计划"①,努力适应赤道几内亚经济发展新常态,积极创新合作模式转型升级,严格履行社会责任,践行正确的义利观,全面对接赤道几内亚发展需求和国内对非举措,推动两国经贸关系向更高层次发展。

2012~2014年,赤道几内亚财政缩水,大型基建市场萎缩,工程款拖欠严重,项目工期延长。在新的政治经济形势下,中国与赤道几内亚的经济合作虽然遇到了新问题、新困难,但广大中资企业开发新思路,寻找新机会,以拓展新领域。2015年,赤道几内亚政府也推出了全国城镇化项目,并出台了相关配套金融政策。中

---

① 2015年12月,中非合作论坛约翰内斯堡峰会暨第六届部长级会议在南非召开,习近平主席代表中国政府宣布将中非新型战略伙伴关系提升为全面战略合作伙伴关系,与非洲在工业化、农业现代化、基础设施、金融、绿色发展、贸易和投资便利化、减贫惠民、公共卫生、人文、和平和安全等领域共同实施"十大合作计划",规划了中非务实合作的宏伟蓝图,开启了中非关系新的历史时期。其中,在经贸领域,中非双方将共同实施中非工业化合作计划、中非农业现代化合作计划、中非基础设施合作计划、中非绿色发展合作计划、中非贸易和投资便利化合作计划、中非减贫惠民合作计划和中非公共卫生合作计划等。

第七章 外 交

国企业承建的项目陆续完工，赤道几内亚对基建设施运行维护服务的需求大幅上升。中国企业着眼基建领域，配合赤道几内亚的需要，做好民生工程，立足承建已完工项目，推进建营一体化，积极进行风险、市场、信息调研，寻找合适的发力点，丰富合作模式，多渠道、多领域、多元化延长承包工程价值链。同时，中国企业响应赤道几内亚政府号召，积极配合赤道几内亚劳动部安排，增加了雇用当地员工的比例，妥善回应了赤道几内亚政府诉求。在经营中，针对中国与赤道几内亚的语言、文化差异，研精学透赤道几内亚劳动法律法规，摸索当地员工管理模式，实现制度化、标准化的属地经营，改善了与当地政府和社会的关系。

目前，中国是赤道几内亚第三大贸易伙伴，赤道几内亚是中国在中西部非洲的第六大贸易伙伴。2014 年，中国与赤道几内亚双边贸易额达 35.8 亿美元，同比增长 26.4%，创历史新高，比 2004 年前翻了近两番。中国还是赤道几内亚第一大工程承包方和主要投资方，2014 年累计签订承包工程合同 144 亿美元，累计投资近 3 亿美元。中国为赤道几内亚培训了逾千名各类专业技术人才，涉及经贸、农业、医疗、公共管理等多个领域。

如今，"中国印记"在赤道几内亚随处可见。中国企业建设的吉布劳水电站、巴塔电网为当地经济发展和人民生活提供了稳定的电力供应，恩比尼大桥是目前中部非洲跨径最大的斜拉桥，一排排整齐划一的社会住宅受到当地人民交口称赞。走在马拉博、巴塔市的大街小巷，随处可见琳琅满目、物美价廉的中国商品，从电脑到手机，从服装到日用品，"中国制造"已经深深融入赤道几内亚人民的日常生活。

中国与赤道几内亚的务实合作不仅有力促进了当地经济发展，

也为中国企业"走出去"积累了宝贵经验和良好口碑。赤道几内亚正在加快经济多元化步伐,中国正积极推动经济转型升级,双方发展目标高度契合,只要双方共同努力,中国同赤道几内亚的务实合作就一定能够不断获得更大发展。

四 文化、教育与军事合作

建交以来,两国在文教、卫生、军事等领域的交流与合作不断加强。

1982年,两国签署文化合作协定。自1977年起,中国为赤道几内亚学生提供奖学金待遇,截至2013年,共为362名赤道几内亚学生提供奖学金。2013年,来华学习的赤道几内亚学生总数为486名,其中奖学金生151名,自费生335名。

1971年6月,两国签订关于中国政府同意派遣医疗队赴赤道几内亚工作的议定书。截至2014年,中国已向赤道几内亚派遣了27批共500人次医疗队,分别在马拉博和巴塔工作。1992年,应赤道几内亚社会保险协会邀请,中国有关单位向由中国援建的马拉博医院派出医务人员从事劳务合作。

两国的军事交往始于20世纪70年代。1979年3月,南京军区第一政委廖汉生率中国军事友好代表团访问赤道几内亚;1981年10月,赤道几内亚军政府计划与合作副国务委员姆布依访华;1998年1月,赤道几内亚武装部队总监阿古斯丁·恩东·奥纳上校访华;2000年12月,国防部外事办公室副主任张邦栋少将率团访问赤道几内亚;2001年6月,赤道几内亚国防部部长级代表埃本登率团访华;2009年8月,国防部外事办公室主任钱利华少将率团访问赤道几内亚;2010年8月,赤道几内亚国防部代表团访华。

1972~1975年，中国先后派篮球和乒乓球教练赴赤道几内亚工作。1975年，赤道几内亚足球队访华。1982年1月，中国和赤道几内亚两国政府签订了文化协定。广东、上海足球队、中国武术团、铁路杂技团先后访问赤道几内亚。1989年11月，中国电影周在马拉博举行。

2003年5月，由中国驻赤道几内亚大使馆和赤道几内亚新闻、旅游和文化部联合举办的"中国文化周"活动在赤道几内亚第一首都开幕，并于5月31日圆满结束。

2015年12月，中国商务部在南昌主办了2015年赤道几内亚议员研讨班，赤道几内亚共和国众议院议长高登西奥·莫埃巴·梅苏出席开班仪式并致辞。赤道几内亚的27名议员与全国人大、中国人民大学等知名专家学者就立法、预算、政府监督等议题进行研讨，并与江西省人大进行现场交流互动。本次研讨班的成功举办进一步深化了两国友谊，扩大了双边合作，对促进立法机构互通互融具有重要意义。

五　重要双边协议及文件

1970年10月15日，两国签署《中华人民共和国政府和赤道几内亚共和国政府建交公报》，正式建立外交关系。此后两国关系发展顺利。

2005年10月20日，为了进一步巩固和加强两国间业已存在的友好合作关系，便利两国公民往来，两国签署了《中华人民共和国政府和赤道几内亚共和国政府关于互免持外交、公务和官员护照人员签证的协定》，2006年1月1日生效。

2005年10月20日，两国在北京签署《中华人民共和国政府和赤道几内亚共和国政府关于促进和保护投资的协定》。

2005年10月20日，两国签署《中华人民共和国政府和赤道几内亚共和国政府经济技术合作协定》。

2015年4月，两国在北京签署《中华人民共和国和赤道几内亚共和国关于建立全面合作伙伴关系的联合声明》《中华人民共和国与赤道几内亚共和国政府间贸易、经济和技术合作协定》《中华人民共和国商务部与赤道几内亚共和国民航部关于开展非洲区域航空合作谅解备忘录》《中华人民共和国与赤道几内亚共和国经济技术合作协定》等协定。这标志着两国关系迈入稳定发展的新阶段。

大事纪年

新石器时代后期	俾格米人开始在赤道几内亚生活
700 年左右	比奥科岛上开始有人居住
990 年左右	班图人占领赤道几内亚地区
15 世纪中叶	葡萄牙人发现比奥科岛
15 世纪	葡萄牙人登上科里斯科岛
17 世纪	荷兰在科里斯科岛活动
1471 年	葡萄牙人到达安诺本岛
1494 年 6 月 7 日	《托尔德西里亚斯条约》签订
1494 年 7 月 2 日	西班牙批准《托尔德西里亚斯条约》
1494 年 9 月 5 日	葡萄牙批准《托尔德西里亚斯条约》
1645 年起	西班牙、葡萄牙等国天主教传教士在安诺本岛活动
1656 年	葡萄牙在科里斯科岛成立专门公司来处理奴隶事务
1723 年	科里斯科岛奴隶事务转移到加蓬的洛佩斯港
1777 年	西班牙从葡萄牙手里购买比奥科岛、安诺本岛和科里斯科岛

1778 年	西班牙到达赤道几内亚,将比奥科岛改名为费尔南多波岛
1781 年	西班牙在比奥科岛的移民计划失败,并撤出该岛
1807 年	英国在非洲禁止奴隶贸易
1817 年	英国与西班牙签署条约,西班牙同意终止在比奥科岛等地的奴隶贸易
1822 年	可可被从巴西引入圣多美,再由圣多美传到比奥科岛
1827 年	英国把费尔南多波岛作为监视西非海域的据点,开始租借该岛
	英国人威廉姆斯·欧文到达费尔南多波岛,并开始利用奴隶进行生产
1829 年	爱德华·尼科尔斯对费尔南多波岛进行改造
1839 年	英国向西班牙提出购买费尔南多波岛
1840 年	英国袭击了科里斯科岛上的西班牙人
1841 年	英国出动军队焚烧了西班牙在塞拉里昂的贩奴据点,西班牙正式拒绝出售费尔南多波岛
1843 年	西班牙派遣军队到达比奥科岛,并将英国人命名的克拉伦斯(Clarence,即今天马拉博)改名为圣伊莎贝尔(以西班牙女王伊莎贝尔二世命名)
	英国海军把反奴隶贸易基地挪至弗里

	敦，同时把岛上的建筑物出售给浸礼会教士
1844 年	西班牙收回了英国的租借权，开始积极地开发费尔南多波岛
1845 年	西班牙同木尼河地区各酋长签订了条约，木尼河区沦为西班牙保护地区
1858 年	西班牙政府正式派驻了第一位西班牙籍总督，标志着西班牙的殖民统治正式建立
1860 年	西班牙开始在岛上部署军队
1868 年	西班牙公司大量进驻比奥科岛，天主教又在该岛传播
1879 年	西班牙政府将费尔南多波岛用作放逐古巴犯人的流放地
1898 年	西班牙在美西战争中败北，被迫放弃了在美洲和亚洲热带地区的所有领地
1899 年	法国在法绍达事件后占领了木尼河地区
1900 年	法国将木尼河地区归还西班牙，以此换取法国人在费尔南多波岛上购买土地的优先权
	法国与西班牙签订了确立木尼河地区边界的条约，西班牙在几内亚湾陆地上的面积大大缩小，仅限于今天的木尼河地区
1902 年	西班牙政府成立了一个直属政府的非洲

	事务顾问委员会，并向马拉博派驻一个省督
1924年1月1日	马西埃出生
1926年	西班牙将费尔南多波岛和木尼河区合并为西属几内亚，总督府设在费尔南多波岛的圣伊莎贝拉，副总督和地方行政部门设在木尼河区的巴塔
1942年	特奥多罗·奥比昂·恩圭马·姆巴索戈出生
	赤道几内亚被西班牙称为"几内亚湾西班牙领地"
1950年	西班牙政府将包括赤道几内亚在内的西属撒哈拉地区统称为"海外省"
1953年	第一部赤道几内亚小说《当俇卑人战斗时：关于西属几内亚习俗的小说》出版
1956年8月12日	西班牙当局正式将赤道几内亚地区改名为"几内亚湾西班牙海外省"
1959年	西属几内亚划为费尔南多波和木尼河两个海外省
1960年	马西埃当选蒙戈莫市市长
1962年	第二部赤道几内亚小说《博阿比之矛》出版
1962年9月	赤道几内亚的民族主义者在利伯维尔召开会议

大事纪年

1963 年 12 月	西班牙殖民当局举行全民公决投票通过"内部自治"法规
1963 年	马西埃当选为巴塔市和木尼河省议员 "赤道几内亚人民思想党"成立
1964 年 1 月	赤道几内亚取得内部自治地位
1968 年 7 月 24 日	西班牙议会批准宪法
1968 年 8 月 11 日	赤道几内亚就统一宪法进行全民公投
1968 年 8 月 15 日	赤道几内亚宣布通过全民公投
1968 年 9 月 22 日	赤道几内亚进行总统大选投票
1968 年 9 月 29 日	弗朗西斯科·马西埃·恩圭马赢得选举
1968 年 10 月 12 日	赤道几内亚正式宣告独立,定名为赤道几内亚共和国,马西埃就任赤道几内亚共和国第一任总统,并兼任武装力量总司令和国防部部长
1968 年 10 月	奥比昂·恩圭马被任命为比奥科省省长
1969 年	阿塔纳西奥·恩东·米约内发动政变
1970 年	雪佛龙公司在恩特姆和巴塔附近的地区勘探石油
1970 年 7 月	实行一党制,马西埃宣布成立全国统一党
1970 年 9 月	奥比昂任国防部供应和计划局局长
1971 年 1 月	全国统一党第一次代表大会召开,马西埃当选为全国统一党总书记
1970 年 10 月 15 日	赤道几内亚与中国建交
1970 年 10 月	中国参加赤道几内亚独立两周年庆祝活动,两国签署了《中华人民共和国政

	府和赤道几内亚共和国政府建交公报》
1971 年	奥比昂晋升为上尉
1972 年	中国向赤道几内亚提供了客货两用轮船"马妮·艾拉号"
	赤道几内亚同加蓬因陆海边界发生严重冲突
1972 年 7 月	全国统一党改名为全国统一劳动党
1973 年	赤道几内亚与加蓬签订《友好睦邻协定》
1973 年 7 月 29 日	赤道几内亚通过了将绝对权力集中于总统的新宪法
1974 年 9 月	加蓬总统邦戈访问赤道几内亚,双方签署了《划分陆、海疆界协定》
1975 年	奥比昂任国民警卫队司令
1976 年 1 月 7 日	与尼日利亚发生劳工纠纷
1976 年 3 月	美国国务院宣布中断与赤道几内亚的外交关系
1976 年 6 月	奥比昂任国家革命人民武装力量部国务秘书
1976 年 7 月	"维纳荣事件"发生
1977 年 3 月	西班牙政府与赤道几内亚中断了外交关系
1978 年 3 月	奥比昂任国家革命人民武装力量副部长
1978 年 7 月	马西埃下令关闭赤道几内亚的天主教堂
1979 年 3 月	奥比昂晋升中校
1979 年 8 月 3 日	奥比昂发动政变,推翻了马西埃政府

大事纪年 Equatorial Guinea

1979年8月9日	西班牙正式承认赤道几内亚新政府
1979年10月1日	马西埃被公审判处死刑并立即执行
1979年11月	赤道几内亚与美国复交
1982年	奥比昂政府宣布实行"劳动年"计划
1982年8月	赤道几内亚通过新的国家宪法,取消了最高军事委员会,成立文官政府
1982年	最高法院成立
1983年	赤道几内亚加入中非国家经济共同体
1983年11月14日	赤道几内亚共和国人民代表院(全国议会)成立
1984年8月	奥比昂访华
1984年8月27日	赤道几内亚参加中非国家银行和中非法郎区
1985年	赤道几内亚与加蓬成立混合委员会,就划界工作和双边合作等交换意见
1987年10月	赤道几内亚解除党禁
1987年	赤道几内亚政府开始实施经济结构调整计划
1988年10月	赤道几内亚民主党召开第一次全国代表大会,奥比昂当选为党的正式主席
1989年6月	奥比昂当选总统
1990年4月	奥比昂访华
1990年4月	赤道几内亚矿业、工业和能源部与美国的石油公司达成共同开发的协议
1991年	赤道几内亚第一口油井正式喷油

1991年8月2日~6日	赤道几内亚民主党第一次特别代表大会讨论政党制度改革
1991年	赤道几内亚开始开发石油，经济出现转机
1992年初	赤道几内亚开始出口石油
1992年	赤道几内亚正式建立多党制
1992年1月23日	赤道几内亚成立了新政府负责领导过渡
1992年	塞维罗·莫托回到赤道几内亚
1992年3月	赤道几内亚外交部部长在西班牙马德里同反对党领导人会晤
1993年3月30日	颁布大赦令，释放了所有被关押的政治犯
1993年11月21日	赤道几内亚举行全国议会选举
1993年12月13日	第三届人民代表院组成
1996年2月	奥比昂当选总统
1996年9月	奥比昂访华
1997年	马拉博和巴塔两市开始安装移动通信系统
1997年1月	中国国务院副总理兼外长钱其琛访问赤道几内亚
1997年9月	赤道几内亚政府制定经济中期发展战略（1997~2001年）
1998年1月	赤道几内亚政府粉碎"比奥科岛自治运动"
1999年	赤道几内亚大陆地区的海域发现大型油田
1999年3月	赤道几内亚顺利举行第二次多党议会选举
1999年3月	赤道几内亚根据《联合国海洋法公约》中的"中间线条款"单方面宣布海上

	边界
1999 年 4 月	尼日利亚临时全国委员会主席阿布巴卡尔访问赤道几内亚
1999 年 6 月	赤道几内亚外长、圣多美和普林西比外长分别代表本国政府签署了两国关于划定海上边界的协定
1999 年 8 月	奥比昂晋升上将
2000 年	奥比昂总统出访摩洛哥、安哥拉等非洲国家
2000 年 2 月	中非国家经济共同体第三次国家元首与政府首脑会议在赤道几内亚首都马拉博召开
2000 年 9 月	尼日利亚总统奥巴桑乔访问赤道几内亚，两国最终签署海域边界协定
2001 年	国家石油公司成立
2001 年 2 月	奥比昂改组政府，任命坎迪多·穆阿特特马·里瓦斯为总理
2001 年 7 月 14 日	民主党举行第三次全国代表大会
2001 年 11 月	奥比昂访华
2002 年 2 月	圣多美和普林西比与赤道几内亚两国元首签署了联合公报
2002 年 3 月	赤道几内亚挫败政变阴谋
2002 年 4 月	奥比昂总统访尼日利亚，两国签署共同开发海洋区的协定
2002 年 7 月	中国全国人大常委会副委员长许嘉璐访

	问赤道几内亚
2002 年 11 月	奥比昂连任总统
2003 年 2 月	加蓬国防部长登上与赤道几内亚有争议的姆巴涅岛并宣布该岛是加蓬领土
2003 年 4 月	卢巴新港落成
2003 年 8 月	赤道几内亚政府与 13 个政治党派举行协商会议
2004 年 3 月	赤道几内亚政府挫败政变图谋
2004 年 4 月 25 日	赤道几内亚第五届人民代表院产生
2004 年 6 月 13 日	赤道几内亚国防部长级代表访问中国
2004 年 7 月	奥比昂总统与加蓬总统邦戈在联合国的斡旋下于亚的斯亚贝巴签署共同开发姆巴涅岛资源的谅解备忘录
2004 年 9 月	国家石油技术研究院成立
2004 年 6 月 21～26 日	"比永果 2003"的联合维和军事演习在加蓬举行
2005 年 6 月	赤道几内亚电信公司开办了宽带网业务
2005 年 10 月	奥比昂访华
2005 年 10 月 20 日	中国与赤道几内亚签署《关于互免持外交、公务和官员护照人员签证的协定》
2006 年 2 月	奥比昂总统和加蓬总统邦戈赴日内瓦接受联合国秘书长安南对两国领土争端的调解
2006 年 3 月	联合国秘书长安南访问赤道几内亚调解领土争端

2006 年 3 月	奥比昂总统访尼日利亚
2006 年 4 月	奥比昂总统访美
2006 年 9 月	奥比昂总统赴加蓬进行工作访问，两国元首表示将和平解决两国领土争端
2006 年 10 月	奥比昂总统第二次访美
2006 年 11 月	奥比昂出席中非合作论坛北京峰会
2006 年 12 月	赤道几内亚与尼日利亚签订能源合作协议
2007 年	巴塔港启动改扩建工程
2007 年 1 月	外交部部长李肇星访问赤道几内亚
2007 年 3 月	奥比昂总统出席加纳独立 50 周年庆典
2007 年 5 月	奥比昂总统出席尼日利亚新总统就职典礼
2007 年 7 月	奥比昂总统赴圣多美和普林西比参加圣多美和普林西比独立庆典
2007 年 10 月	奥比昂总统赴法出席联合国教科文组织第 34 届大会，并与萨科齐总统会见
2008 年 2 月	圣多美和普林西比总统访问赤道几内亚
2008 年 5 月 4 日	第六届人民代表院产生
2008 年 6 月 11 日	联合国在纽约总部主持召开了有关赤道几内亚和加蓬边界争端的高级别会议
2008 年 7 月	奥比昂总统会见尼日利亚前总统奥巴桑乔
2009 年 2 月	赤道几内亚、加纳签署两国航空合作协议
2009 年 11 月 15 日	赤道几内亚、加蓬和喀麦隆在几内亚湾举行联合军事演习
2009 年 12 月	奥比昂第四次连任总统
2010 年 2 月	奥比昂总统访美赤道几内亚和喀麦隆发

	生外交争端
2010年3月	奥比昂总统会见法国陆军上将、国防及安全合作主任马努埃尔·佩特
2010年3月、2011年9月、2012年3月和7月	圣多美和普林西比总统三次访问赤道几内亚
2010年4月	赤道几内亚外长米查访美
2010年5月	美国助理国务卿访问赤道几内亚
	加纳总统米尔斯对赤道几内亚进行国事访问
	奥比昂总统出席喀麦隆独立50周年庆典活动
2010年7月	中国国务委员戴秉国访问赤道几内亚
2010年8月	奥比昂总统出席上海世博会赤道几内亚国家馆日活动
2011年2月	中国商务部部长陈德铭访问赤道几内亚
2011年6月6日	作为非盟轮值主席和赤道几内亚总统的奥比昂正式出访俄罗斯，并与俄总统梅德韦杰夫进行了会晤
2011年6月30日	非洲联盟第17届首脑会议在赤道几内亚第一首都马拉博举行
2011年11月	赤道几内亚举行全民公投，通过宪法改革方案
2011年12月	奥比昂总统访美，接受美"苏立文基金会"授予的奖项
2012年初	奥比昂总统和米尔斯总统实现互访

2012年1~2月	奥比昂总统出访津巴布韦、斯威士兰、乍得、乌干达等国；贝宁总统、布隆迪总统分别访问赤道几内亚
2012年1月21日至2月12日	举行非洲国家杯
2012年2月	奥比昂正式签署法令颁布新宪法
2012年4月	奥比昂总统出席塞内加尔总统就职典礼
2012年5月	赤道几内亚政府内阁大幅调整，设立副总统和第二副总统职位，并吸收反对党入阁
2012年6月11~12日	奥比昂总统访美并在休斯敦举办了赤道几内亚投资机遇论坛
2012年6月26日	奥比昂总统赴贝宁出席第18届非洲田径锦标赛开幕式
2012年7月	奥比昂出席中非合作论坛第五届部长级会议开幕式并访华
	奥比昂总统赴刚果（布）出席中非经济与货币共同体首脑会议
	奥比昂总统访华并出席中非合作论坛第五届部长级会议开幕式
2012年8月	奥比昂总统赴加纳出席米尔斯总统葬礼
	第九届莱昂·苏利文峰会在马拉博举行
2012年9月	奥比昂总统赴埃塞俄比亚出席埃塞俄比亚总理梅莱斯葬礼
	奥比昂总统宣布将与加蓬领土争端问题

	提交海牙国际法庭裁决
	赤道几内亚与喀麦隆签署互免外交、公务护照协议
2012年10月	赤道几内亚国家航空公司开通马拉博—马德里航线
2012年10月13日	奥比昂总统会见俄罗斯驻赤道几内亚大使尼克莱·拉茨博林斯基
2012年11月	奥比昂总统访问喀麦隆
2013年1月	奥比昂总统出席加纳总统马哈马就职典礼
	奥比昂总统访问加蓬并出席中部非洲经济与货币共同体特别首脑峰会
	奥比昂总统赴埃塞俄比亚出席第20届非盟首脑会议
2013年2月	奥比昂总统访问冈比亚
2013年2月	第三届南美洲和非洲峰会在马拉博举行
2013年4月	贝宁总统亚伊访问赤道几内亚
	加蓬外长伊索泽访问赤道几内亚
	奥比昂总统赴纽约出席联合国特别会议
	赤道几内亚任命首任驻葡萄牙大使
2013年5月	中非共和国临时总统乔托迪亚、利比里亚总统瑟利夫访问赤道几内亚
2013年5月	奥比昂总统访问安哥拉
2013年5月26日	举行议会和市政选举
2013年9月	奥比昂总统对内阁进行部分调整
2013年6月	尼日尔总统伊素福访问赤道几内亚

大事纪年

	奥比昂总统赴加蓬出席中部非洲经济与货币共同体特别峰会及第二届纽约-非洲论坛
2013 年 7 月	贝宁总统亚伊、几内亚总统孔戴分别访问赤道几内亚
2013 年 7 月 1~4 日	奥比昂第二次访问俄罗斯，参加了第二届天然气出口国家领导人论坛
2013 年 8 月	奥比昂总统访问刚果（布）并赴津巴布韦出席穆加贝总统宣誓就职仪式
	奥比昂总统会见圣多美与普林西比总理加布里埃尔
2013 年 9 月	中国中共中央书记处书记、中央纪委副书记赵洪祝访问赤道几内亚
2013 年 11 月	第二副总统曼戈访华
2014 年 1 月 15~17 日	喀麦隆和赤道几内亚举办第五届边境安全与领事问题特设委员会会议
2014 年 1 月	奥比昂总统对斯威士兰进行工作访问
2014 年 4 月	奥比昂总统出席在布鲁塞尔举行的第四届欧盟-非洲峰会
2014 年 5 月	奥比昂总统在马拉博会见加蓬总统特使、外交部部长伊索泽
	奥比昂总统赴刚果（布）出席非盟安理会改革十国元首委员会峰会；赴南非出席祖马总统连任宣誓就职仪式
2014 年 6 月	中非共和国临时总统桑巴潘沙访问赤道

	几内亚
	民主党总书记奥萨访华
2014年6月26日	第23届非盟首脑会议在马拉博举行
2014年7月	奥比昂总统访问卢旺达
	奥比昂总统赴东帝汶首都帝力出席第十届葡萄牙语国家共同体首脑会议
2014年8月	奥比昂总统赴美出席首届美非首脑会议
2015年1月17日~2月8日	成功举办第30届非洲国家杯
2015年1月	中国外交部部长王毅访问赤道几内亚
	中国援建的赤道几内亚外交部马拉博办公楼举行交接仪式
	巴塔港改扩建工程竣工
2015年3月	赤道几内亚议会两院举行2015年第一次全体会议；赤道几内亚议会与万国议会联盟签署合作协议
	赤道几内亚与古巴加强民航合作
	赤道几内亚通信公司与穆尼通信公司签署合作协议
	赤道几内亚农林部举行2015年第一次部务会议
2015年4月	赤道几内亚财长访问中国
	奥比昂总统访问中国
	赤道几内亚开通乍得新航线
	中国工商银行与赤道几内亚签署20亿

	美元基础设施合作协议
	中国与赤道几内亚建交45周年庆祝招待会在北京举行
	"赤道几内亚-亚洲经济论坛"在大连举行
2015年5月	中国与赤道几内亚签署2015年贸易、经济和技术合作协定
2015年8月	赤道几内亚政府召开第八次部际联合会议
2015年11月	赤道几内亚姆比尼工业城项目招商引资会在北京举行

参考文献

一 中文文献

李安山等：《非洲梦：探索现代化之路》，江苏人民出版社，2013。

李广一主编《赤道几内亚·几内亚比绍·圣多美和普林西比·佛得角》，社会科学文献出版社，2007。

陆庭恩：《非洲问题论集》，世界知识出版社，2005。

牛车：《赤道几内亚油气工业概览》，《中国石油和化工经济分析》2006年第13期。

申立迪：《婚姻的四重奏——评赤道几内亚小说〈三心一意〉》，《世界知识》2014年第22期。

周非：《赤道几内亚，中国的好朋友》，《光明日报》2015年4月28日，第12版。

〔意〕麦克里尼：《为了一个更好的几内亚：赤道几内亚总统特奥多罗·奥比昂·恩圭马·姆巴索戈访谈录》，慕真译，中国人民大学出版社，2007。

〔赤道几内亚〕姆巴索戈：《我为人民而生》，许昌财译，世界知识出版社，2003。

二 外文文献

Ibrahim K. Sundiata, *Equatorial Guinea*, *Colonialism*, *State Terror*, *and the Search for Stability* (San Francisco: Westview Press).

Max Liniger-Goumaz, *Historical Dictionary of Equatorial Guinea* (Metuchen, N. J.: Scarecrow Press, 1979).

Max Liniger-Goumaz, La Guinee Equatoriale Un Pays Meconnu, Librairie-Editious I'Harmattan, 18, rue des. Quatre-Vents. 75006 Paris.

Max Liniger-Goumaz, *Small Is Not Always Beautiful*: *The Story of Equatorial Guinea*, trans. by John Wood (C. Hurst & Co Publisher Ltd., 1989).

Michael Ugarte, *Africans in Europe*: *The Culture of Exile and Emigration from Equatorial Guinea to Spain* (Urbana and Chicago: University of Illinois Press, 2010).

Peter Lang, Randall Fegley, *Equatorial Guinea*: *An African Tragedy* (New York. Bern. Frankfurt am Main. Paris, 1989).

三 相关网站

全球宏观经济数据·赤道几内亚，http://finance.sina.com.cn/worldmac/nation_GQ.shtml。

世界银行，http://data.worldbank.org.cn/country/equatorial-guinea。

维基百科，http://zh.wikipedia.org/wiki/赤道几内亚。

《对外投资合作国别（地区）指南·赤道几内亚》，中华人民共和国商务部网站，http://www.mofcom.gov.cn/article/i/dxfw/

gzzd/201408/20140800700393. shtml。

《赤道几内亚国家概况》，中华人民共和国外交部网站，http：//www. fmprc. gov. cn/mfa_ chn/gjhdq_ 603914/gj_ 603916/fz_ 605026/1206_ 605220/。

中华人民共和国驻赤道几内亚共和国大使馆经济商务参赞处网站，http：//gq. mofcom. gov. cn/。

索 引

A

阿科尼贝 5

埃塞俄比亚 112，197

安诺本 2～4，10，22，32，33，36，112，113，116，126，188

奥比昂 14，20，29，44，47，52～55，57～66，71～76，78，81，83，95，96，108，133，137，139，140，144，151，152，154，170，172，174，178～183，185～203

B

巴塔 1，4～6，16，20，24～27，36，45，50，53，54，61，66，92，94，100，102，109～116，125，133，136，137，139，150～152，154，155，161，162，165，169，175，176，181，184，186，187，203，205，206

比奥科 2～4，6～10，12，13，16，19～24，30，31，33，35～37，40，41，44，58，63，72，93，94，97，102～104，107，108，111，112，142，155，164，188，196

俾格米 29，30

布比族人 11，12，19，21，30，37，44，46，58，66

C

赤道几内亚 1～11，13～18，20～26，29～32，36～67，69～79，81，82，84～133，135～161，163～208

选举 41～43，56，57，61，62，64～67，69～71，75，76，181，182，187

F

法郎 83，84，86～88，90，98，100，

231

105，117～125，131，140，151，158，160～163，170，173，178，183～185

反对党　61，62，65，75，76，178，181，182

芳族　1，3，11，12，16，18，19，42，44，46，49，58，67，72，126，191，194

非洲杯　110，149～153

中非法郎　83，84，86～88，90，98，100，105，117～119，121～125，131，140，151，158，160～163，170，173，178，183～185

G

工业　59，74，81，84，85，90～92，98，101，102，104，105，107～110，123，124，133，137，139，160，174，190，203

J

加蓬　2～8，25，32，33，39，47～49，61，78，96，97，99，112，121，139，149～151，174，177，183，191～195，198

教育　3，19，47，56，65，73，126，132，135～141，151，155，172，201，206

K

咖啡　6，12，23，24，34，44，45，49，58，81～85，93，96，127，128，140

喀麦隆　1，4～7，25，30，36，39，54，78，96，112，113，121，127，139，151，155，165，174，177，183，191，192，194，195，198

科里斯科　2～4，12，32，33，35，192

可可　6，12，23，24，34，36，42，44，45，49，58，81～85，93～96，119，127，128，203

L

联合国　10，38～41，49，51，56，62，66，100，101，126，128，131，132，138，139，141，168，170～172，174，182，185，188，192，193，195，199

M

埃贝比因　4～6，14，26，116，150，

151，184

马拉博　1～10，13，20～26，36，49，50，53，54，57，59，60，64，82，84，88，92，101，102，107～109，111～116，125，126，133，136～139，145，149～152，154，155，161～165，169，172，174，175，178，184，185，189，194，198，199，203，205～207

马西埃　20，29，39～55，58，65～67，73，82，83，135，143，144，179，186，188，199，202

民主党　60～62，64，65，69～72，75～77，140，152，181，202

摩洛哥　53，54，56，98，112，114，115，123，129，150，152，161，165，177，197，198

木尼河　1，3～5，7，8，11～13，24，35，36，38，41，42，45，88，96，97，102，104，143，146

N

班图　11，12，29，30，145，154

博尼法西奥·翁多·埃杜　41～43，66，67，74

尼日利亚　36，44，45，48～50，83，94，95，97，103，112，165，177，191，

192，194～196

P

葡萄牙　2，3，13，19，29～33，77，98，139，140，142，153，188，199

S

石油　59，81，84，85，87～91，98，100，102～108，119，120，122，127～130，133，137，171，173，174，179，187，191，192，194，196，198，203

T

天然气　81，85，90～92，102～104，106～109，120，129，130，133，191

天主教　1，12～14，32，35，41，42，47，51，67

W

维纳荣事件　46，47

X

西班牙　2～6，9，13，20，23，24，29，31～45，48～51，53～56，58，59，61，62，64，66，67，70，72，77，82，83，94，96～98，100，102，111～113，116，118，120，126～129，131，133，135，137，139，140，142，144～146，151，153，155，156，161，164，177～183，185，188，192

宪法　20，40～42，46，56，57，60，64～66，69～72，75，168

Y

英国　23，33～36，64，102，106，108，155

油气　81，88，90，102，104，106，108，109，132，190，192

油田　84，88，90，103，104，107

Z

政党　39，40，42，46，57，58，60～63，65，66，70，74～76，169，187

政府　10，13，22，24～26，33～37，40，41，43～51，53，55～60，62～66，69，70，72～74，79，82～88，90～95，97～100，102，105～111，113，115，116，119～123，125，126，128，130，132，133，135～138，140，141，144，152，154～157，160，161，163，164，166～176，178～182，184，185，187，189～192，195，196，198～208

殖民　2～4，10，13，19，20，23，30～33，35～41，43～46，48～50，55，66，81，82，93，101，115，118，127，142，143，146，154，183，188，194，200

中非法郎　83，84，86～88，90，98，100，105，117～119，121～125，131，140，151，158，160～163，170，173，178，183～185

中国　15，17，26，27，48，51，59，79，94，97，98，109～111，113，114，116，118，127～131，133，141，142，146，149，155，157，160，161，164，168，169，173，175～178，199～207

资源　8，15，20，59，81，83，92，93，97，99，101，102，104，106，107，109，125，126，132，133，

234

192，193，196，200

总统　14，20，24～26，29，39，41～
43，45～47，49，52～58，60～67，
69～78，83，105，108，133，139，
140，151，152，154，156，161，
165，170，172，174，175，178～
185，187～203

新版《列国志》总书目

亚洲

阿富汗	马来西亚
阿拉伯联合酋长国	蒙古国
阿曼	孟加拉国
阿塞拜疆	缅甸
巴基斯坦	尼泊尔
巴勒斯坦	日本
巴林	沙特阿拉伯
不丹	斯里兰卡
朝鲜	塔吉克斯坦
东帝汶	泰国
菲律宾	土耳其
格鲁吉亚	土库曼斯坦
哈萨克斯坦	文莱
韩国	乌兹别克斯坦
吉尔吉斯斯坦	新加坡
柬埔寨	叙利亚
卡塔尔	亚美尼亚
科威特	也门
老挝	伊拉克
黎巴嫩	伊朗
马尔代夫	以色列
	印度
	印度尼西亚
	约旦
	越南

新版《列国志》总书目 **E**quatorial Guinea

非洲

阿尔及利亚
埃及
埃塞俄比亚
安哥拉
贝宁
博茨瓦纳
布基纳法索
布隆迪
赤道几内亚
多哥
厄立特里亚
佛得角
冈比亚
刚果
刚果民主共和国
吉布提
几内亚
几内亚比绍
加纳
加蓬
津巴布韦
喀麦隆
科摩罗
科特迪瓦
肯尼亚
莱索托
利比里亚
利比亚
卢旺达
马达加斯加

马拉维
马里
毛里求斯
毛里塔尼亚
摩洛哥
莫桑比克
纳米比亚
南非
南苏丹
尼日尔
尼日利亚
塞拉利昂
塞内加尔
塞舌尔
圣多美和普林西比
斯威士兰
苏丹
索马里
坦桑尼亚
突尼斯
乌干达
赞比亚
乍得
中非

欧洲

阿尔巴尼亚
爱尔兰
爱沙尼亚
安道尔
奥地利
白俄罗斯

保加利亚
北马其顿
比利时
冰岛
波兰
波斯尼亚和黑塞哥维那
丹麦
德国
俄罗斯
法国
梵蒂冈
芬兰
荷兰
黑山
捷克
克罗地亚
拉脱维亚
立陶宛
列支敦士登
卢森堡
罗马尼亚
马耳他
摩尔多瓦
摩纳哥
挪威
葡萄牙
瑞典
瑞士
塞尔维亚
塞浦路斯
圣马力诺
斯洛伐克
斯洛文尼亚

乌克兰
西班牙
希腊
匈牙利
意大利
英国

美洲

阿根廷
安提瓜和巴布达
巴巴多斯
巴哈马
巴拉圭
巴拿马
巴西
秘鲁
玻利维亚
伯利兹
多米尼加
多米尼克
厄瓜多尔
哥伦比亚
哥斯达黎加
格林纳达
古巴
圭亚那
海地
洪都拉斯
加拿大
美国
墨西哥
尼加拉瓜
萨尔瓦多

新版《列国志》总书目

圣基茨和尼维斯
圣卢西亚
圣文森特和格林纳丁斯
苏里南
特立尼达和多巴哥
危地马拉
委内瑞拉
乌拉圭
牙买加
智利

大洋洲

澳大利亚
巴布亚新几内亚

斐济
基里巴斯
库克群岛
马绍尔群岛
密克罗尼西亚
瑙鲁
纽埃
帕劳
萨摩亚
所罗门群岛
汤加
图瓦卢
瓦努阿图
新西兰

国别区域与全球治理数据平台

www.crggcn.com

"国别区域与全球治理数据平台"（Countries, Regions and Global Governance, CRGG）是社会科学文献出版社重点打造的学术型数字产品，对接国别区域这一重点新兴学科，围绕国别研究、区域研究、国际组织、全球智库等领域，全方位整合基础信息、一手资料、科研成果，文献量达30余万篇。该产品已建设成为国别区域与全球治理数据资源与研究成果整合发布平台，可提供包括资源获取、科研技术服务、成果发布与传播等在内的多层次、全方位的学术服务。

从国别区域和全球治理研究角度出发，"国别区域与全球治理数据平台"下设国别研究数据库、区域研究数据库、国际组织数据库、全球智库数据库、学术专题数据库和学术资讯数据库6大数据库。在资源类型方面，除专题图书、智库报告和学术论文外，平台还包括数据图表、档案文件和学术资讯。在文献检索方面，平台支持全文检索、高级检索，并可按照相关度和出版时间进行排序。

"国别区域与全球治理数据平台"应用广泛。针对高校及国别区域科研机构，平台可提供专业的知识服务，通过丰富的研究参考资料和学术服务推动国别区域研究的学科建设与发展，提升智库学术科研及政策建言能力；针对政府及外事机构，平台可提供资政参考，为相关国际事务决策提供理论依据与资讯支持，切实服务国家对外战略。

数据库体验卡服务指南

※100元数据库体验卡，可在"国别区域与全球治理数据平台"充值和使用

充值卡使用说明：
第1步 刮开附赠充值卡的涂层；
第2步 登录国别区域与全球治理数据平台（www.crggcn.com），注册账号；
第3步 登录并进入"会员中心"→"在线充值"→"充值卡充值"，充值成功后即可使用。

声明
最终解释权归社会科学文献出版社所有

客服QQ：671079496
客服邮箱：crgg@ssap.cn

欢迎登录社会科学文献出版社官网（www.ssap.com.cn）和国别区域与全球治理数据平台（www.crggcn.com）了解更多信息

卡号：5913645798161382

图书在版编目(CIP)数据

赤道几内亚/凌云志,李广一编著.--北京:社会科学文献出版社,2018.5(2022.3重印)
(列国志:新版)
ISBN 978-7-5201-1099-0

Ⅰ.①赤… Ⅱ.①凌… ②李… Ⅲ.①赤道几内亚-概况 Ⅳ.①K943.9

中国版本图书馆CIP数据核字(2017)第168632号

·列国志(新版)·

赤道几内亚(Equatorial Guinea)

编　　著 / 凌云志　李广一

出 版 人 / 王利民
项目统筹 / 高明秀
责任编辑 / 王晓卿　肖世伟　智　烁
责任印制 / 王京美

出　　版 / 社会科学文献出版社·当代世界出版分社(010)59367004
　　　　　　地址:北京市北三环中路甲29号院华龙大厦　邮编:100029
　　　　　　网址:www.ssap.com.cn
发　　行 / 社会科学文献出版社(010)59367028
印　　装 / 唐山玺诚印务有限公司
规　　格 / 开本:787mm×1092mm　1/16
　　　　　　印张:17.25　插页:1　字数:190千字
版　　次 / 2018年5月第1版　2022年3月第2次印刷
书　　号 / ISBN 978-7-5201-1099-0
定　　价 / 79.00元

读者服务电话:4008918866

版权所有 翻印必究